目

錄

U0108483

　　在清代十帝中，乾隆是一個有作為的皇帝。他登極後，改變了康熙執政過弛、雍正過苛的局面；安撫了康、雍年間因政治鬥爭而受到打擊的大臣家眷，使朝野沒有出現甚麼動蕩。朝中政局的穩定、國庫的充盈，以及他本人的遠見，使他有條件平定當時存在的邊陲地區的各種動亂。通過幾次出兵新疆準噶爾、回部及大小金川等，不但使國家的疆域得以最後確立，而且還形成了有別於前代的、獨特的民族政策，使得中華民族這個多民族大家庭最後鞏固下來。正是基於這一點，我寫了四五這兩章。

　　乾隆由於從小受漢文化的熏陶，加上他個人對漢文化的愛好，使他在推動文化發展上，起了相當的作用。如組織全國人力編書、刻書等。編纂《四庫全書》只是當時編書中最突出的成果。當然，他既是一個統治者，就要肅清於他統治不利的種種輿論，如果要求一位二百年前的皇帝要具備兼容並蓄的民主作風，則我們今人就不夠民主了。

　　儘管乾隆本人精力充沛，才能卓著，但他畢竟是生活在傳統社會走向衰亡這一歷史時期。他絕無回天之力，來挽救日益沒落的時局。因此，當乾隆中後期各地發生暴亂，特別是爆發了遍佈半個中國的白蓮教起事時，他一籌莫展，只有哀歎、暴躁，最後在"惟翹首盼望紅旗捷報"的囈語中死去。

乾隆一生，説得上是豐富多彩、曲折坎坷的。我寫的這八章，只能算是乾隆一生的縮影。由於我接觸到的史料多是乾隆在宮廷中的生活，所以八章之中我用五章來寫他在宮中的活動，好在這些活動對於讀者了解乾隆其人也是有幫助的。

書中所述人物，除了個別太監、宮女及個別小吏是我隨意定名外，其他全部是當時當事之人；所述事件，除了為增強可讀性、虛構了一些人物對話外，也全部有史可據。

劉　潞

## 老皇愛少孫　青年得幸運

## 【一】

　　清代北京城內東北部成賢街一帶，是京師重要的一隅。紅牆黃瓦、松柏森森的孔廟和太學，佔去成賢街的半條街。平時百姓尚可在此走動，但遇到皇帝祭孔或臨雍講學，這裏就成為禁地。成賢街東，有一所頗具規模的王府，平時也是戒備森嚴。當時京中王府，在城裏東南西北都可見到，獨獨這座王府，先出了雍正皇帝，後來又成為乾隆皇帝的出生地，就顯得極不一般。不但規格高，還帶有一種神秘的色彩。

　　康熙三十七年（1698），皇四子胤禛得到貝勒的封號，離開皇宮，來到成賢街東這所宅第。十年後，胤禛晉升為雍親王，他的居處，也就改稱雍王府。胤禛在雍王府的十幾年，過得還算順心，能經常隨侍皇父康熙皇帝出京巡狩，有機會在皇父面前表現自己的才能。但卻有一件憾事時常縈繞心頭，就是胤禛的子嗣不旺；不要說與生有四五十個子女的皇父無法相比，就是在諸兄弟之中，也屬子女稀少者。胤禛在三十來歲時，已有了四個聰明可愛的兒子，但老大和老三都只有十來歲便夭折，而老二兩歲即殤，僅剩下弘時。他雖說也疼愛這個兒子，不過卻因弘時的生母李氏是個漢人，且出身卑微——李氏的父親李文燁僅是一名知府，為此胤禛心中常覺不快。

康熙五十年（1711）八月中旬，胤禛寵愛的一個王妃、承恩公淩柱之女格格鈕祜祿氏就要臨盆了。胤禛心中忐忑不安，他盼望鈕祜祿氏給他生下一個兒子；又擔心生產不順，母子歸天。這可是司空見慣的事。平時就念經拜佛的胤禛，這時就更不能安居寢室了。他來到府內特設的佛堂中，焚香獻花，然後坐在蒲團上，默誦《心經》，虔誠祈禱。

　　八月十三午夜，正當胤禛在佛堂誦經誦得昏昏欲睡時，兩個太監急匆匆地進來稟報：＂王爺大喜！送子娘娘給您送來一個大胖小子！＂

　　這個喜訊，把胤禛連日來的睏倦一掃而光。他從蒲團上躍起，拔腿就要去鈕祜祿氏房中。轉念一想，為了他們母子平安，還是等天亮再說吧。他對候在身邊的太監說：＂轉告格格，讓她好生靜養。再告訴膳房，備上格格愛吃的幾樣點心，趁熱送到格格房中。＂

　　胤禛吩咐完畢，離開佛堂，回到寢殿，開始思索該給這盼望已久的兒子起個甚麼名兒。

　　按照康熙皇帝所定的規矩，皇孫輩應排＂弘＂字，第二個字則要含＂日＂字。胤禛頭四個兒子就是這樣起的名：弘暉、弘盼、弘昀、弘時。毫無疑問，這個剛降生的兒子自然也要按＂弘＂字排下去。胤禛在殿內來回踱步，苦苦思索：＂弘＂字後

◆ 雍王府：雍和宮

雍和宮位於北京東北角，原為康熙帝賜予皇四子雍親王胤禛的府邸。胤禛即帝位後，改名雍和宮，乾隆年間，被改建為喇嘛廟。今天，雍和宮仍是北京著名的佛教寺院。

用個甚麼字呢？弘者，大也。以往帝王常以弘字做年號，以期皇權永固。自己子嗣不旺，三個兒子都沒保住，一場大病，就夭折而去。這個新生的兒子，但願能活個大歲數。兒子壽命若長，自己大概就會有福份。那就叫"弘曆"吧。"曆"字不但含有"日"，還有壽命之意。弘曆，可釋為"大壽"，是個吉利的好名！

胤禛想到此，心中甚喜，他提起筆來，在一張紅蠟箋上寫上"吾兒，弘曆"，命太監將此箋送遞鈕祜祿氏房中，然後帶着滿意的心情，上牀歇息。

也可能上蒼有眼，胤禛的祈禱祝願有了理想的結果。弘曆面目清秀，聰明伶俐，討人喜歡。胤禛將兒子視為掌上明珠，弘曆六歲時，就給他選定了師傅，讓他勤讀詩書，盼他早日成才。

康熙六十一年（1722），皇帝已六十九歲。這一年，幾個皇子因儲位引起的爭鬥，愈演愈烈，皇帝的身心受到極大的刺激，身體急速衰弱，不知哪一天就會被閻王爺招去。早日確定皇儲，成為迫在眉睫之事。自認為有希望繼位的幾個皇子，都躍躍欲試，極力在皇父面前表現，以求中選。胤禛就是其中之一。他世故圓滑，不像別人那般露骨，而是採取溫和的手段，博得皇父的好感。

這年春天，胤禛別出心裁，在自己的私園——圓明園中，設一桌便宴，準備孝敬皇父。這園子是幾年前皇父賞給自己的，與皇父的離宮暢春園毗鄰。當時皇三子胤祉也得到皇父賞賜一園，就在西直門外。自那以後，胤禛就把胤祉看成自己的一個敵手，事事處處都要與他爭高低。這次宴請皇父，便是他聽到胤祉在皇父面前買好後採取的一種手段。

康熙皇帝很高興地來到圓明園內牡丹台前，剛剛坐定，胤禛就上前叩頭：

"臣兒見皇父宵衣旰食，日理萬機，身心受累，倍覺心疼。只恨臣兒不才，不能為皇父效力分憂。現時園中牡丹開得正盛，臣兒備下時新小菜，特請皇父賞花飲酒，消除疲憊。"

皇帝掃了一眼牡丹台前的宴桌，只見一張嵌螺鈿紫檀方桌上，整整齊齊地擺了七八隻青花釉裏紅瓷碗，裏面盛放的，盡是三月裏難以見到的桂魚、鱖魚、黃瓜、豆莢等等。皇帝心中不覺一喜：這老四還是老實、孝順，竟把向祖宗薦新的菜蔬拿來與朕，難為他一片孝心。他含笑對胤禛道："好，起來吧。這陽春三月，賞花飲酒，倒在其次，敍敍天倫之樂，畢竟是件暢快之事。把你的福晉和孩子們都叫來，咱們三輩人同吃個賞花家宴。"

胤禛只當皇父近來欠安，想借與兒孫吃酒娛樂輕鬆一下，誰想皇帝還有自己的打算。這半年多來，他一直用各種方式考察皇三子胤祉、皇四子胤禛、皇十四子胤禵，拿不定主意究竟該立他們之中誰為太子。皇帝對胤禛的辦事幹練還頗為賞識，不過又覺得他性情急躁，不像自己那麼仁義寬容，擔心神器一旦落入他手，便可能辦出許多過頭之事。那豈不壞了祖宗的大業？倘若他對其家眷有情有義，管教有方，倒還真能當太子。這會兒皇帝命胤禛去傳其家眷，就有借機進一步觀察之意。

**◆ 圓明園萬花陣圓亭**

圓明園最初為胤禛的私園，雍乾兩朝均斥巨資大力營建，
使之成為清代最具氣派的皇家園林，1860年被英法聯軍焚
燬。萬花陣是園內由樹牆組成的一座迷宮，為花園入口。
圖中的萬花陣圓亭是20世紀80年代在原址上重建的。

　　胤禛的小聰明很是過人。他退下之後，很快便悟出幾分皇
父的心意。一直以來，從未聽說過皇父召哪個皇子福晉和孫子
們共進酒菜。就是在大內舉行家宴，也只是后妃皇子們出席，

皇子福晉是沒有資格到場的，皇孫就更提不上了。今天他老人家這個舉動，怕真是有所企圖。若能屬意於己，就是天意了。這個千載難逢的機會，萬萬不能錯過！他猛然想到自己的兒子可派用場。

這年胤禛除了弘時、弘曆二子外，已添了弘晝與福惠兩子。不過弘時脾氣孤僻，怕見生人，福惠又太小，只有弘曆和弘晝比較聰敏，能討他們皇祖的歡心。他決定只帶這兩個孩子去見皇父。

胤禛差人將弘曆、弘晝叫到跟前，給他們拉拉衣襟，整整帽子，囑咐道：“皇瑪法今天讓你們陪他吃酒。他老人家最喜歡聰明聽話的孩子，你們可要把平時學的詩書多給皇瑪法背上一些，給阿瑪爭氣。”

弘曆二人聽到此話，頻頻點頭稱是，懷着一種興奮的心情，隨父親疾步前往牡丹台。

弘曆和弘晝儘管年齡相仿，又同時就學於同一師傅，秉性氣質卻相去甚遠：弘曆伶俐乖巧，喜歡逞強好勝；弘晝沉穩文靜，不愛多言。這兩個孩子能否在皇帝面前露臉，就只有靠上天保佑了。

胤禛帶着弘曆兄弟和他們的生母鈕祜祿氏、耿氏來到皇帝面前。皇帝一見到這兩個細眉大眼、白淨俊秀，又一般高矮的孩子，心中就有幾分喜歡。他一邊命大家入座，一邊和顏悅色地詢問弘曆二人平日學文習武的情況。

弘曆和弘晝在皇瑪法面前的表現迥然不同。弘曆不但能夠流利地回答瑪法提出的各種問題，而且還能有所聯想，說了不

**◆ 補桐書屋**

乾隆帝自幼聰穎，一生飽讀詩書，具有很高的漢文化修養。
補桐書屋位於南海瀛台，乾隆帝當皇子時曾在此讀書。

少他父王平時如何教他們兄弟學滿語，讀詩書的故事。而弘晝
則只會一問一答。

　　弘曆、弘晝一巧一拙，令皇帝興趣大增。酒宴將畢，他微
笑地指着弘曆對胤禛說：

“這孩子着實叫人喜歡，朕欲將他留在身邊教養，你們兩口兒可捨得？”

胤禛一聽，激動得心中怦怦直跳。他強按住心頭的狂喜，拉過鈕祜祿氏和弘曆，一同跪下。

“這是臣兒的造化。臣兒終生感激不盡。弘曆，快謝皇瑪琺天恩！”

皇帝有孫兒孫女近百人，但受到他恩寵的卻寥寥無幾。弘曆一聽皇瑪琺要將自己收養宮中，又驚又喜，趕緊隨父王下跪，叩頭謝恩。宴畢，他高高興興地隨皇瑪琺去暢春園了。

## 【二】

轉眼到了七月，一年一度的木蘭秋獮到了。原來早在二三十年前，康熙皇帝為使大清王朝將士保持騎射武功，特在山巒起伏、河流縱橫的喜峯口北，開闢了方圓數百里的圍場，建立了不少行宮。其中最大的，便是熱河行宮——避暑山莊。每年八月，他都要率大批王公大臣和八旗將士前去哨鹿狩獵。滿語中，稱“哨鹿”為“木蘭”，這一活動也就被稱作“木蘭秋獮”。這次秋獮，皇帝除了命幾名皇子隨侍外，幾個月前收養宮中的皇孫弘曆，也奉命隨駕熱河。

七月的京城，還驕陽似火，但地處塞北的避暑山莊，卻已金風送爽，秋色宜人了。園內湖水，清澄碧透；園外羣山，色彩斑斕。在京師王府深宅中長大的弘曆，見到這樣秀麗的景象，欣喜異常，像一頭歡快的小鹿，在皇瑪琺身邊蹦來跳去。被諸皇子爭鬥傷透腦筋的皇帝，見到小孫子如此天真爛漫，活

◆ 哨鹿圖

哨鹿是清代皇帝舉行的騎射與娛樂兼有的狩獵活動。康熙、乾隆兩帝經常
去圍場打獵。圖中描繪的是乾隆帝即位後，初次赴圍場哨鹿的場面。

潑可愛，煩惱立時消去了一半。他捋着鬍鬚對弘曆說：“小曆
兒，你自幼嬌養京中，初來這塞北口外，可覺着習慣？”

弘曆響亮地回答：“臣孫是太祖高皇帝的後代，身上流有
太祖的血脈。想起太祖太宗在白山黑水馳騁征戰，臣孫就甚麼
都不在話下！”

皇帝一聽，呵呵大笑，“好孩子，有志氣！這才是咱們愛
新覺羅的後代！明天瑪玼帶你一道進山圍獵！”

皇帝欲帶弘曆進山，不單是出於對孫子的鍾愛，他還要看

看這孩子的騎射武功。滿洲人以馬上得天下，作為大清國君，不可不看重武功。

弘曆的火器教師，皇十六子莊親王胤祿，聽到此言，生怕自己這個徒弟在皇父面前丟臉，待弘曆回到皇帝特賜的寢室——萬壑松風時，他就匆忙上門叮囑："明天隨圍，皇瑪珐必要試你的槍法。只要你遇獸不慌，鎮定沉着，牢記射槍法訣，定會中的。那就不光給你阿瑪爭了氣，也讓我這當師傅的露臉啦！"

◆ 避暑山莊萬壑松風

避暑山莊位於今河北承德，興建於清康熙年間。山莊中既有山壑林木，也有庭園湖泊，是皇帝每年避暑或行圍狩獵時的行宮。萬壑松風在山莊東院，是康熙帝特賜皇孫弘曆的起居之所。

　　弘曆一心想贏得皇瑪琺的誇讚，聽到此言，不住點頭，就盼第二天自己能射中一隻走獸。

　　這次的圍場，皇帝命設在熱河以北的布敦河一帶。那裏有陡峭的岩壁，急湍的河流，飛禽走獸密集林間。早幾年他曾在那裏設過幾個圍場，每次射獵成績都相當可觀。這次帶上弘曆前往，自然也想讓孫子開開眼界。

　　弘曆騎在一匹米色銀鬃蒙古馬上，"嗵嗵嗵"地跟在皇瑪琺身後一步不落。按照規定，圍獵時隨圍將士組成包圍圈，皇帝站在臨時搭成的看城上觀看。待將士們把野獸趕至看城前，皇帝才策馬出城，引弓發矢。但皇帝卻常常不待野獸來到就衝出看城。這回他索性不登看城，帶着弘曆及隨行王公大臣，徑直來到圍中。

　　這裏是林中一片空曠之地。幾千名蒙古隨圍士兵埋伏在荊棘草叢之中，等待禽獸進入包圍圈。弘曆不知圍獵的奧秘，只當此地沒有野獸，心中不免有些沮喪："第一次隨皇瑪琺隨圍，怎麼竟看不到野物呢？"

　　他一手拉着韁繩，一手握着一支平時學射擊用的小火筒，有些心不在焉，不覺走出離皇瑪琺幾丈遠的地方。忽然，他的座騎抬起前蹄，揚起長頸，"嘶——"，"嘶——"地發出一陣震耳的長鳴。弘曆毫無準備，幾乎被馬掀下鞍子。好在他平時學習馬術用功，腦子又靈敏，他猛地用雙腿一夾馬肚，一拉韁繩，銀鬃馬穩穩地站定了。

　　"不要動！"身後傳來皇瑪琺凝重的低喝聲。

　　弘曆這才看清有一頭七尺長的黑熊從林中竄出，正伸着前

◆ 射熊圖

乾隆帝射熊始自童年。他十二歲隨祖父康熙秋獮木蘭時，首遇黑熊，為康熙所救。此圖為弘曆即位後圍獵時射熊的情景。

肢，向自己撲來。"砰"地一聲，黑熊倒下了。弘曆心驚膽戰，回頭一看，只見皇瑪琺正衝着自己微笑，他老人家手中的火銃還冒着清煙。

弘曆翻身下馬，跪到皇帝跟前，一頭跪下：「皇瑪琺天恩，救臣孫一命！」

皇帝一邊招呼侍從將弘曆抱到馬上，一邊說：「好孩子，沒嚇着吧。是你命大，這頭蠢物才撞到朕槍口上。」

弘曆感動得只會點頭，卻說不出一句話來。

晚上回到御營，皇帝向隨圍的和妃瓜爾佳氏講起白天射熊之事，頗為感慨，「弘曆這孩子命是貴重，眼看黑瞎子就撲上來了，他還挺安穩。說不定他的福份要大於朕躬啊！」

## 【三】

這次秋獮回京後，由於疲勞過度和外感風寒，皇帝原已衰朽的身體，更為羸弱了。到這年年底，他終於支持不住，在京西暢春園龍馭上賓，撒手而去。國家大權順利地落到皇四子胤禛——雍正皇帝手裏。

胤禛是與眾兄弟經過若干年的殘酷爭鬥，靠自己的韜晦之計，贏得皇父信任而獲取神器的。這段經歷，對胤禛來說，是永遠也抹不掉的。他生怕弘曆兄弟也會重蹈覆轍，所以即位不久，就着手安排對皇子教育之事。

胤禛一即帝位，舉家便遷入紫禁城。他自己住在養心殿，把弘曆幾個皇子安置在家廟附近的毓慶宮，又親自挑選了一批

◆ **雍正帝朝服像**

雍正帝愛新覺羅‧胤禛，是清入關後的第三代皇帝。雍正帝四十五歲即位，在位十三年，時間雖短，但頗有作為，他推行的政策在「康乾盛世」中起了承上啟下的作用。

老實守本分的太監照顧皇子。但是沒多久，他就覺着這個辦法不太妥當。毓慶宮距寢宮養心殿和理政的乾清宮都比較遠，自己日理萬機，哪裏能有那麼多時間去查看兒子們的學業和起居？把皇子交給太監，將來說不定會出現像明末天啟（熹宗朱由校）那樣的皇帝。他決定還是要把皇子放到自己眼皮底下，惟此才可安心。然而，讓皇子與自己同居一宮又不合禮制，萬一大臣們提出異議，又是一樁麻煩的事情。他思來想去，終於找到一條萬全之計。

第二天奏摺閱畢，胤禛帶了幾名太監，悄悄來到毓慶宮。一進宮門，就見弘曆、弘晝正在院中與小太監們遊樂嬉戲，絲毫也未察覺到他們的皇父已來到跟前。胤禛心中老大不快，臉上卻不動聲色。他輕輕喚了一聲"曆兒！"這一聲就像是禁令，院中幾個孩子同時止住腳步。當他們知道了這是皇父駕臨，又同時跪倒在地。

胤禛道："曆兒，晝兒，你們弟兄自從住進這毓慶宮，長進就不大。'業精於勤，荒於嬉'，長此下去，頭幾年學的那點詩書就會全還給師傅。朕準備在乾清門內設一皇子書房，選幾名當代名儒充任師傅。"

弘曆一聽皇父要在乾清門內為他們弟兄設書房，臉上不禁顯出緊張之色。他知道乾清宮是皇父日理萬機之所，把書房設在那裏，無異於將自己置於皇父身邊，那就再沒有自在的日子，只能是"非禮勿視，非禮勿聽，非禮勿動"了。

胤禛似乎看出兒子的心思，於是又補充道："就你們兄弟三人在那裏唸書未免寂寞，朕選了平郡王納爾素之子福彭進宮伴你們讀書。他身為郡王之子，還有些靈氣，他老爺曹寅又是世代包衣，對你們是不會有二心的。"

說畢，胤禎便轉身回內廷去了。

弘曆知道皇父之命無法違抗，心中儘管老大不高興，也只好從地上爬起來，回到自己房中收拾書籍，準備搬入新書房。

三天之後，弘曆弟兄三人隨太監來到乾清門內東側新設的書房——上書房。

這是一間只有兩丈多寬的南房。裏面擺着四張高桌，四把椅子。每張桌子上都已經預備好書籍筆硯，幾名太監與身穿一品袍服的官員站在門內一側。那兩位官員見弘曆弟兄走進屋中，就準備曲膝行跪拜禮。總管太監張國忠一步上前攔住，道："萬歲爺有旨。按規矩大臣見阿哥要下跪行禮，但上書房師傅卻要受阿哥一拜。若兩位師傅實不肯受，請諸阿哥向師傅座位行禮。"

◆ 皇子作業

清代皇帝都重視對子嗣的教育，皇子到一定的年齡後，皇帝就指派德高望重、學識淵博的重臣擔任他們的漢滿文老師。圖中是嘉慶帝（乾隆帝之子）作皇子時的作業，紅字為皇子師傅所作的批語。

他又轉向弘曆弟兄道："這位是內務府員外郎鄂爾泰先生，這位是翰林院學士張廷玉先生，都是萬歲爺特為阿哥挑選的上書房總師傅。"

弘曆聽過介紹，雙手抱拳，衝着鄂、張二人的座位拜了三拜，開始了在上書房唸書的日子。

◆ **上書房**

上書房創建於雍正初年，為皇子皇孫讀書之處。

## 喪命因仙丹
## 新帝除僧道

貳

### 【一】

雍正十三年（1735），弘曆年滿二十四歲。這時他已長成一個清秀灑脫、風流倜儻的英俊青年。這一年是弘曆一生中的一個重大轉機，他繼承了皇位，成了名垂青史的乾隆皇帝。

不知何故，這一年的秋風起得特別早。還沒出八月上旬，人們就相繼換上了棉袍。地處西山的圓明園中一片蕭索，顯得格外冷寂。后妃的寢宮內，一早一晚都已用上炭盆。唯獨雍正皇帝還沒脫下夏裝，只穿一件芝蔴沙便服，還整天要喝冰鎮玫瑰露。宮女太監無不感到奇怪。個別略知醫道的人，暗暗為皇帝的身體擔心，但懾於他的威嚴，誰也不敢說三道四。

胤禛自己的感覺並不好。他常覺頭暈乏力，食欲不振。一天之中最怕過的就是夜晚，常常是數着自鳴鐘聲捱到天亮的。

這天夜裏，皇帝又徹夜未眠，直到次日凌晨還未能合眼。他煩躁已極，覺得再躺下去周身就要着火。於是他掀開綢衾，披上短褂，走出萬方安和這座水上宮殿，獨自一人向法源樓走去。

　　法源樓在萬方安和西北，裏面住着兩個道士。一個名張太虛，一個名王道乾，是為皇帝煉丹的。原來胤禎為雍親王時，就對釋道感興趣，還特別相信道家的修煉功夫。自武夷山有個道士預言他將來有九五之尊後，他對道教的熱情更高，結識了不少道士。五年前胤禎因一場重病幾乎駕崩，不知是太醫高明的醫術還是道士神奇的丹丸，使得皇帝起死回生。胤禎便把這些功勞全歸功於自己偏愛的道士。不僅命道士常年在宮中煉丹，而且自己也戴道冠着道袍，時常與他們談經論道。這張、王二人便是皇帝近年來最為寵信的兩名道士。

### ◆ 水上離宮萬方安和

萬方安和是圓明園中一處別致的建築羣，主體建築於池中建室，形如卍。此處冬暖夏涼，四時皆宜，深得雍正帝喜愛，他繼位後，仍常居住於此。

胤禛行到法源樓附近，只見幾個黑影正在樓前晃動。走近才看清是幾個跟隨張太虛的童子，正往爐前搬運煉丹的煤砟子。而張太虛卻在附近古松下打着太極拳。皇帝心中一陣燥熱，他急步跨到張太虛面前。

「張道士，朕心中焚燒似火，你卻在此優哉悠哉！」

正沉浸在自身功夫中的張太虛被這熟悉的喝斥聲嚇了一個激靈。他趕緊收功行禮，「萬歲爺駕到，恕貧道失迎。」

「你這些丹丸到底是靈也不靈？！何以朕近來渾身灼熱難忍？」

這時候張太虛已完全清醒了。借着晨曦的微光，他看到皇帝雙目發滯，兩頰緋紅。他心中不禁一驚，多年闖蕩江湖的經驗告訴他，皇帝的情況大為不妙！但他仍故作鎮靜地說：

「貧道所煉金丹性不涉寒熱溫涼，其效本不在攻擊疾病，惟在彌補元氣。元氣盛而精氣壯。萬歲爺心中灼熱，正是精氣穿心所致。」

「你少在朕前要花舌子！朕內熱外燥，心煩意亂，還談何精氣穿心！」

張太虛一楞，轉念即隨機應變道：「萬歲爺聖明天縱，早悟大乘之學。但參禪打坐，與貧道金丹之功卻略有抵牾。」

「有何抵牾？」

「服用金丹，彌補元氣，本在強化氣脈在五臟六腑內的運行，打通經脈，健身去病。而參禪卻易使氣凝聚。一行一聚，萬歲爺自然會覺有所不適。」

張太虛這一席詭辯，竟使皇帝「大為開竅」。他想起自己從青年起即誦經拜佛。御極後還自號破塵居士、圓明居士，表示自己身不出家，在家修行的志向。當佛性大發時，還要召集全國有學行的僧人前來宮中舉行法會。在一次法會上，曾親自說法，收兒子弘曆、弘晝，兄弟允祿（胤禛繼帝位後，為避皇帝諱，其兄弟名字中的「胤」均改為「允」。）、允禮，大臣鄂爾泰、張廷玉，和尚雪鴻、楚雲，道士婁近垣等十多人為門徒，並賜弘曆長春居士，弘晝旭日居士的法號。而自古以來，儒釋道三家即各立門戶，相互排斥，紛爭不休。自己卻硬要佛道合二為一，豈能不出毛病？

想到這兒，胤禛的情緒有所平穩，心中似乎也不那麼煩躁了。

張太虛見皇上的臉色略有和緩，知道自己的話起了作用，便接着安慰道：「萬歲爺將昨日呈上的金丹服完後，練練這太極拳，可減內燥。」

胤禛看了張太虛一眼，一言未發，返身走回萬方安和。

道士的一席話，使胤禛心中略為踏實，四肢亦覺有些力量。但當他返回寢宮後，內火卻又開始上攻。他只覺得五臟灼熱難忍，口中津液全無。他捶了捶胸，沒想到自己的手竟像石塊一樣冰涼。胤禛的心裏漸漸不安起來。他想到了始皇。嬴政為長生不老，遍求奇芝仙藥，結果暴死途中。而自己素來不好飲酒，又不善房中之事，卻身心漸衰，一年不如一年。這怕不是祥兆。「混帳的道士！」胤禛不覺罵出聲來。他暗想，今天服完丹藥，若心火再不下降，就把他們攆出宮去。自己可不能重蹈始皇覆轍。

◆ 着道袍持揮塵的雍正帝

雍正帝早期信佛，從青年起就常誦經念佛；即位後又對道教篤信彌深，不但在宮中豢養道士為其煉丹，而且還經常着道士衣冠。相傳其暴卒即與服食丹藥有關。

　　胤禛正在亂想，一個太監托着一具金漆托盤悄然來到他身邊。托盤上放着三粒朱紅的丹藥，紅黃相間，燦然生輝。胤禛一看，眉頭就擰緊了："朕心中如火焚煎，還拿這種火辣辣的東西給朕吃！"

　　他揮手便將托盤打翻在地。接着，就覺嗓間一陣腥熱，"哇"地一聲，一口鮮血，噴在小太監身上。

　　小太監驚恐萬分，不知所措。皇帝倒很沉靜，以為吐出血來，心血就會下降。誰知情況恰恰相反，心中的燥熱有增無減。他一把扯開自己的衣領，又吩咐太監趕緊送冰鎮玫瑰露來。這時，他才意識到自己可能已病入膏肓了。他心裏十分害怕，又覺得非常悲哀，可是也不得不強打起精神來考慮後事。

雍正想到的第一件事就是確立國本。

皇位傳遞，是國家最重要之事。當年皇父為了確保江山永固，神器平安，幾乎耗盡了心血。先是立了二阿哥允礽為皇太子，眾兄弟不服，大臣們也在背地裏搬弄是非。結果允礽兩度受罰，終於失掉皇儲的位子。自己和眾兄弟哪能容得儲位久虛呢？個個都使出渾身解數，拉攏黨羽，蒙蔽皇父。最後還是自己的招數高明，讓皇父在臨終前立儲的關鍵時刻，把硃筆圈到了自己名下。但為此所付出的心血代價，也只有自己知道！胤禛此時想起康熙末年為奪儲位而進行的一場場血腥爭鬥，還不免心有餘悸呢。他暗暗慶幸自己早有決斷，可以避免那場皇父駕崩之前的大悲劇。

早在十三年前，胤禛即位之初，他就想到了自己的百年。他的兒子雖不算多，但也有幾個。若沒有個妥善

**◆ 建儲匣**

從雍正帝開始，皇位繼承採取秘密建儲制。皇帝親書密詔兩份，內錄繼位皇子的名字，一份帶在身邊，一份封存建儲匣內，置於乾清宮正間寶殿的"正大光明"匾後。皇帝死後，由顧命大臣取下密詔，同廷臣驗明，立密詔內所定皇儲繼承皇位。

的辦法，自己當年經歷過的骨肉間相互殘殺的悲劇，是注定要重演的。更可慮的是，倘若皇太子落入老謀深算的大臣手裏，大清帝國該屬誰姓，就難以預料了。經過幾個不眠的晝夜，胤禛終於想出了一條萬全之計。

這天是雍正元年（1723）八月十七日。儘管徹夜未眠，胤禛卻絲毫不覺倦怠。他用過早膳，精神抖擻地來到乾清宮，吩咐侍臣去傳他指名的大臣前來議事。

怡親王允祥、果郡王允禮、禮部尚書張廷玉、吏部尚書朱軾等十幾人隨太監來到乾清宮。大家看到皇帝眼圈發黑，神情也略帶倦意，知道他昨夜準沒歇息好。但看到他雙目熠熠發光，臉上似乎還洋溢着得意之色，又都有些不安：不知明察秋毫的皇上又抓住了誰的辮子——以往皇上在刺探到大臣的隱秘之後，就常作此狀。

大家正在揣測，皇帝開口說話了：“今天找諸卿來，是有一件重大的事情需要商量。秦漢以來，各朝無不視儲貳為國本。儲宮選擇得當，百姓安居，國家興盛。否則，國運衰敝，民不聊生。此事至關重大，理宜早定。儘管頭年十月間聖祖立朕為儲宮，確為倉卒之間，一言而定。但聖祖英明超羣，非朕所及。不得已，朕才決定……”

皇帝說到這個關鍵地方，有意停了下來，掃了一眼跪在面前的諸王大臣，見他們個個屏住呼吸，睜圓雙眼，在等待自己說出下文，便略略提高了一下聲音：“昨夜朕已寫好建儲諭旨。”

皇帝的聲音並不算大，卻如巨雷轟頂，將十幾位大臣全部震呆。

　　胤禛微微一笑，又接着說："朕將它密封在這個錦匣之中。"

　　他邊說，邊用目光掃了一眼他面前條案上的一個明黃緞狀包着的小匣子。大臣們隨着皇帝的目光，也都把目光停在那隻匣子上。他們弄不明白，皇上既有立儲諭旨，何以不當眾宣佈，反倒把它密封在小匣子裏呢？

　　胤禛當然看出了大臣們的心思。他略停片刻，道："所以

#### ◆ 內廷之首乾清宮

乾清宮始建於明朝，清順、康年間，這裏是皇帝的寢宮和日常處理政務的地方。雍正帝以後，皇帝日常活動的中心移到養心殿，乾清宮便主要用於內廷典禮或筵宴。裝有皇帝立儲密詔的建儲匣即放於正殿"正大光明"匾後。

把諭旨密封起來，自然就不是為了今天宣讀。何時宣佈，其時再定。朕將此諭一式兩份，一份攜於朕身，一份置於此匣，收藏在世祖手書'正大光明'匾後，你們可是有目共睹了。"

至此，諸王大臣才明白，皇帝召見他們，根本不是甚麼商議大事，而是為大事做證來了。他們異口同聲，點頭稱是："皇上的主意高明無比。建儲諭旨收藏在'正大光明'匾額之後，萬無一失。我國家百姓日後必將興盛安定。"

秘密建儲這一重大事件，就這麼收場了。

在這性命攸關之際，十三年前這段往事，又走馬燈般地在胤禛眼前轉了一遍。他不覺大叫一聲："曆兒！"

一直在身邊服侍他的太監李進忠趕緊上前答道："寶親王跟和親王都在抱廈前侍候着呢。"

"快叫他們進來！"

原來李進忠是與胤禛一同長大的一個太監。從胤禛少時在宮中當皇子，封王建藩，再重入皇宮，李進忠就沒有離開過胤禛。原因不外他為人厚道，不善言辭，對主子確實"盡忠"。幾十年的接觸，李進忠把萬歲爺的脾氣稟性，身體狀況摸得極透。他早就覺得皇上服丹過多，身體每況愈下，心裏一直在擔心。他真怕萬歲爺駕崩，自己落得個梁九功那樣的下場。梁九功侍候聖祖皇帝一輩子，結果聖祖歸天還沒出頭七，九功就被逼着自縊"盡忠"了。他那從樑上被解下來的慘象，想起來就膽戰心驚！這幾天皇上的神態格外反常，李進忠就更是擔心了。今天皇帝從張道士處回到萬方安和，李進忠看他面色艷若桃花，口中還不斷溢散惡臭之氣，李進忠心中便"突突"直跳。他趕忙派人悄悄把弘曆、弘晝哥倆叫來，在殿外侍候，以備不測。此時弘曆、弘晝聽到皇父的呼聲，快步走進殿內，雙雙跪在皇父的面前。

"皇父，孩兒在！"

"曆兒，晝兒！"胤禛伸出燙人的手掌，摸了摸弘曆清秀的面頰，滾下兩行熱淚。

"孩子，皇父可能真的不行了！太祖太宗創下的江山，就要交到你手裏了。你可要謹慎處事呵！"

他轉過頭，又對弘晝說："你要聽你四哥的話，好好地輔佐他治理天下！"

弘曆雖然對皇父的身體欠安早有所感，但絕沒想到這麼快就要撒手而去。他早就想到自己將來可能會成為皇太子。事情是顯而易見的，他的兄弟說是有十人，可大部分都"少殤"。活下來的僅他的哥哥弘時、六弟弘晝、七弟弘曕。弘時在八年前又因"年少放縱，行事不謹"，被皇父削宗處死了。弘曕眼下還是個不諳世事的孩子。而弘曆從小被聖祖養育宮中，看來是有所暗示。這樣，皇父在他與弘晝之間選擇皇儲，只有"非曆莫屬"了。因此，弘曆對承繼大統的心情，絕沒有當年他的父輩們爭奪儲位那般急切。

　　他對皇父還真有些感情。他從小就是皇父的掌上明珠，他走過的這二十四年，裏面包含了皇父的多少心血！對弘曆來說，此時生離死別的感情，蓋過了皇父駕崩自己即是皇帝這令人振奮的事實。他聽皇父那發自肺腑的戚切話語，忍不住"嗚嗚"哭出聲來。

　　倒是胤禛本人還比較鎮靜。他喘了幾口氣，又說："立儲詔書十三年前就已寫好收藏在正大光明匾後了，快傳莊親王與鄂爾泰等人來。"

　　只片刻工夫，莊親王允祿、果親王允禮、大學士鄂爾泰、張廷玉等人就一同來到病榻前。

　　皇帝將他們逐個從頭到腳打量了一遍，只見他們個個面帶淒然之色，便明白大臣們也都預感到自己確實不久人世了。他歎了一口氣說："十三年前，朕令你們目睹朕將立儲詔書藏於大內'正大光明'匾後。朕一合眼，便是宣佈詔書之時。你們幾位都是顧命大臣，好好輔佐新君治理國家吧！"

允禮、鄂爾泰等人聽到皇上此言，不知是遵照禮節還是出於感情，全都欷歔起來。一貫爭強好勝的胤禛，死到臨頭也不願意看到自己還沒咽氣大臣就開始哭喪。他厭惡地擺擺手，便扭身不再言語了。

這天夜半，雍正皇帝永遠閉上了雙眼。

◆ **雍正帝陵：泰陵**

清西陵是繼東陵之後，在北京附近修建的第二個帝王陵墓區，位於今河北省境內的永寧山下。雍正帝的陵墓泰陵，是清西陵修建最早、規模最大的一座帝陵。

◆ 泰陵隆恩殿

隆恩殿位於泰陵內，是供祭祀用的正殿。

# 【二】

弘曆即位，頭等大事理應是為皇考治喪，但對這位血氣方剛的新君來說，治喪似乎不是最重要的。皇考的壽宮早在幾年前就已在離京城幾十里外的紫荊山下營建完畢。葬禮的諸種儀注，也都在皇考為聖祖皇帝治喪時設立周全。治喪的事情，交給允祿、鄂爾泰他們去辦理，足可以讓人放心了。讓弘曆感到心煩意亂的，是關於皇考的死因，他聽到了一些風言風語。

就在弘曆與諸大臣由圓明園護送皇帝棺椁回到皇宮，由鄂爾泰等人取下立儲詔書，宣佈皇五子弘曆承繼大統的當晚，弘曆意外地聽到了幾個太監宮女的議論。

那天夜裏，宮中傳籌的侍衛已報過了二更，住進皇考生前經常使用的養心殿中的弘曆，還無絲毫睡意。他熄了燈，倚在楠木小炕上，思索着頃刻之間壓到他身上的泰山般的國務大政。四周萬籟寂靜，只有窗外偶爾傳來一陣嘰嘰咕咕之聲。開始，他以為這聲音是落葉在秋風中飛舞，但細聽了一陣，才聽出竟是兩個人在低語：

"沒啥可怪的，誰不想長命百歲？你我都如此，更別說皇上了。"

"那張、王二道士可是白髮銀鬚，一把年紀了呀！"

"唉，世事難料啊。你沒聽說過秦始皇訪求仙術的故事嗎？"

"我早就聽熹貴妃宮裏的小珍說了。為這事兒，貴妃常睡不着覺呢。"

「小聲點吧。讓人聽見，咱倆可都沒命了。」

太監的對話，像刀子一樣，刺得弘曆心裏陣陣發痛。他竟顧不得開門去看個究竟，一下子陷入沉思之中。

弘曆對皇父的死因，心裏是很清楚的。早在五年前皇父迷上煉丹術，在宮中蓄養道士時，弘曆就頗不以為然。他覺得，皇父帶着自己與和尚參禪對話，編寫語錄，中間還有學問可

◆ 養心殿後殿

從雍正帝開始，養心殿取代乾清宮，成為清代皇帝的辦公場所和寢宮。養心殿前後殿相連，寢宮位於後殿，是皇帝日常起居之所。

言。但這些煉丹的道士，卻純粹是些江湖騙子。奇怪，精明過人的皇父，何以迷上了這些辛辣的藥丸？自古以來有誰不死！聽說皇祖就從來不信這些方士。有誰敬獻甚麼靈丹妙藥，他都是讓獻藥人當面自服，以示譏諷。他老人家不是也活到了古稀之年嗎？皇父可真是聰明一世，糊塗一時，自己害了自己的性命！可歎他才五十六歲！但君為臣綱，父為子綱，這些想法，弘曆哪敢向旁人吐露一點！沒想到卻被太監說破了。聽他們那話，宮裏面是早有議論。這要傳出去，豈不讓天下人恥笑？母后也受不了這些聾人聽聞的傳言。看來當務之急，是要解決這些事情。

第二天一早，弘曆先傳來母后宮中的太監陳福、張保，命李進忠向陳、張二人宣讀了昨夜他手書的上諭：

"皇考大事，朕五內崩摧，所仰恃者惟皇太后。着傳諭奉侍太監、女子及內外一切太監等，盡心竭力侍奉，務要皇太后寬心。此即是爾等出力之處。

凡國家政事關係重大，不許聞風妄行傳說，恐皇太后聞之心煩。宮禁之中，凡有外言，不過太監等得之市井傳聞，多有舛誤。嗣後凡外間閒話無故向內廷傳說者，即為背法之人。終難逃朕之覺察。或查出或犯出定行正法。

陳福、張保係派出侍奉皇太后之人，乃其專責，並令知之。"

陳福、張保聽罷，不覺揩了一把額上的汗水，連連叩頭："奴才遵命！奴才遵命！"

皇帝見預期目的已初步達到，便揮手讓他們退下。接着，又傳來都統莽鵠立，仍命李進忠向他宣諭：

#### ◆ 乾隆帝朝服像

乾隆帝愛新覺羅‧弘曆，是清入關後第四位皇帝。雍正
十三年（1735）即位，在位六十年。乾隆帝秉承康雍兩
朝的開明政策，開創了一代盛世，人稱"康乾盛世"。

"皇考萬機餘暇，聞外間有爐火修煉之說，聖心深知其非，聊欲試觀其術，以為遊戲消閒之具。因將張太虛、王定乾等數人置於西苑空閒之地。聖心視之，如俳優人等耳。未曾聽其一言，未曾用其一藥。且深知其為市井無賴之徒，最好造言生事。今朕將伊等驅出，各回本籍。令莽鵠立傳旨宣諭：若伊等因內廷行走數年，捏稱在大行皇帝御前進一言一字，一經訪聞，定嚴行拿究，立即正法，決不寬貸。"

莽鵠立是一個完全沒有被馴化的滿洲人，一切帶有漢人特點的東西他都看不慣。他對先皇帝頭頂道冠，身着寬褲道袍早就不滿，對先皇帝蓄養在宮中的張、王二道士恨之入骨。如今聽到皇帝這一吩咐，立時振奮不已。他情不自禁地提高嗓音："奴才領旨，即刻就辦！"

皇帝似乎看出了莽鵠立的心情，狡黠地衝他微微一笑，便命他退下了。

弘曆此時感到有些倦意了，睏意似乎也襲上心頭。他打了個哈欠，起身向西暖閣走去。

九月初三，是雍正皇帝賓天後的一個月，弘曆在太和殿宣佈即位，明年改元為乾隆元年。

## 同心成逝水
## 血淚灑東風

參

## 【一】

弘曆即位後不久的十二月初三這天，弘曆為自己的生母、皇考的熹貴妃鈕祜祿氏上徽號為"崇慶皇太后"。舉行過儀式，他來到太后居住的永仁宮。

皇太后這年雖然已四十三歲，卻因只生過弘曆一個孩子，加上平時保養得很好，生性又比較豁達，依然顯得很年輕。她那白皙的面龐上長着一對俊俏的鳳眼，鼻子小巧而周正，看上去很是端莊秀麗。弘曆清秀的五官，就頗似他這位母親。鈕祜祿氏對宮中的繁文縟節向來興趣不大。儘管今天是給她上徽號的吉日，但禮儀一結束，她就回宮脫去吉服，與宮女們一起玩起七巧板來。皇帝進屋時，她正對着一塊難以拼到一起的七巧板在思索。見皇帝進來，太后略略有些尷尬。她一邊招呼皇帝坐下，一邊吩咐宮女沏茶。

弘曆對自己生母的感情比較複雜。幼年時他由乳母撫養，啟蒙後又置於皇父的嚴格教育之下。由於接觸不多，母子深情幾乎談不上。鈕祜祿氏天性溫和，凡事不與人相爭。成年後的弘曆，對母親就比較敬重。他所不滿意的，是母后對後宮諸事，謀劃得太少，以致自己身為皇帝，還不得不事無巨細，將家邦壺政與朝綱並蕭。長此以往，實在是個沉重的負擔。他今天到永仁宮，就是想跟母后商量一下冊立皇后的事情。

在當時社會中，"孝"為諸行之首。弘曆諳熟的《孝經》中就講："人之行莫大於孝。"在為父母服孝期間，不要說娶親，就是夫妻，還要分開居住。冊立皇后之事，他便不好直接提出。他一邊呷着普洱茶，一邊想着應該如何向母后開口。

太后是個聰明人，見兒子只管品茶，並不說話，就猜到兒子一定遇到了甚麼難以啟齒之事。但究竟有甚麼難題呢？先皇帝的葬事安排得井井有條，眼下棺椁已送到雍和宮，只等一年之後送入易州地宮；先皇帝生前只立過一位皇后，但在四年前已經駕崩。自己

◆ 崇慶太后上徽號玉冊

清宮規定，凡冊立皇后，尊封皇太后、太皇太后，以及上徽號，均進金冊、金寶；上徽號或進玉冊。圖中是乾隆帝為其母崇慶太后八十壽辰上徽號的玉冊。

身為皇帝生母，自然就是太后，不存在名份之爭，何況剛剛又舉行過上徽號之典。想來使皇帝為難的，必是與他自己直接相關的事了。曆兒今年二十五歲，已有妻妾七人，個個如花似玉，他還有甚麼不滿意的呢？噢，怕是自己疏忽了。曆兒即帝位已三個多月，可是還未定下皇后。也可能自己沒當過皇后，不解其中的樂趣與苦衷吧。

太后等了片刻，見皇帝仍然悶頭不語，便輕輕咳了一聲，說：“先帝大事至今已四個月了。國事家事樣樣都要你操心，真是難為你了。先帝在世時，後宮諸事均由孝敬皇后統理，我只需管好本宮事務即可。現在歲數大了，更沒有精力去管那麼多事。還應早些冊立皇后，以宣壼教。”

弘曆見太后不待自己發問，便提出冊立皇后這一話題，心理負擔一下減輕許多。他放下手中的茶杯，迎着太后慈祥的目光，說：

“母后說的極是。只是國孝在身，冊立之事不便立時提出。”

太后似乎理解了弘曆的心情，微笑着說：“這個不是甚麼難事，只需按照成例辦理就行。先皇帝即位兩個月之後，即命禮部議冊立皇后之禮。現在皇帝即位已四個月，提出冊立之事已不為早了。”

弘曆點點頭，說：“命禮部商議是可以，但立誰為皇后，還需母后確定。”

太后略略沉思了一下道：“按照先皇帝的成例，自然是冊立嫡福晉為皇后。但現在後宮中七人，都是皇帝為寶親王時先

◆ 《塞宴四事圖》中的乾隆妃嬪

《塞宴四事圖》是描繪乾隆帝在塞外宴請漠南、漠
北蒙古貴族的出遊圖。此圖為隨行貴妃的特寫。

皇帝賜予的。冊誰為后，還是依你們夫妻情分而定吧。"

弘曆道："臣兒想的與母后吩咐的一樣。自大行皇帝將富
察氏冊為臣兒的嫡福晉以來，臣兒與她夫婦相知，感情篤深。
她理應被立為皇后。但冊立之禮，臣兒以為還是孝期服滿之後
再行為好。"

太后覺得弘曆的安排很周到，既滿足了個人意願又不失孝
道，便點頭表示讚許。弘曆當然更覺滿意。他告辭了太后，向
富察氏住處走去。

## 【二】

被弘曆稱為"夫婦相知"的富察氏嫁給弘曆已經八年了。
那還是雍正五年（1727）的事情。

這一年弘曆十七歲。在雍正皇帝精心培育下，他長成一個

知書達理，身強力壯的少年。眼看着弘曆一天天長大成人，雍正皇帝不得不考慮起這顆掌上明珠的終身大事。

曆兒是天之驕子，他的福晉將來要為天下之母儀。這個姑娘不但本人須品貌雙全，同時還必須是名門之後。聖祖皇帝所立的孝誠皇后，就是輔政大臣索尼的孫女；而自己的岳丈費揚古之文，也是太宗皇帝開國時一大功臣。只有名門之後才能誕育靈秀之人。現在朝廷中不乏皇親貴戚，但誰家有品貌雙全的姑娘呢？雍正皇帝頗感為難。要想知道誰家的姑娘相貌出眾，只需他一道上諭，黏竿處的輯察人員就可以給他了解個一清二楚；但品行是否端正，卻是仁者見仁，智者見智之事。他思來想去，找不到答案，只好命人將文華殿大學士張廷玉召來。廷玉是聖祖皇帝親信大臣張英次子，本人也在康熙三十九年（1700）時入朝為仕，稱得上是清帝國的忠誠老臣。他家素以講究理學着稱，他若認可的姑娘，就定是出類拔萃。

“張廷玉，”皇帝直截了當地提出問題：“皇五子今年已十七歲。男大當婚，女大當嫁，此乃天經地義之事。你能否在當朝名門之中為他擇一佳偶呢？”

張廷玉一聽，覺得此事很是棘手，薦好薦壞都會得罪人。於是連忙推辭：“老臣已是年過花甲的老朽，哪裏能知道誰家有配得上皇子的小女孩子呢？”

但是皇帝卻執意要他出力，“你雖然不知道，但你還可以找人去打聽嘛。”

張廷玉知道皇上派給自己這檔子差事是推不掉了，只好認真思索起來：“頭二年大學士馬齊做七十五歲大壽，臣曾到他府上慶賀。散席後臣覺不適，馬齊便叫家人燒湯為臣解酒。給臣送湯的是馬齊的姪女、他兄弟李榮保的女公子。依臣看那孩子相貌周正，舉止端莊，談吐文雅，略識文墨，不失為大家閨秀。只是不知這二年是否聘有人家了。"

皇帝聽罷微微點頭。他心中已拿定主意了：馬齊是康熙朝的功臣議政大臣米思翰之子，又是當朝權相，門第是不成問題的。他家的姑娘既然能得到張廷玉的誇讚，想來這孩子亦很難得。即使她已聘人家也不要緊。明天找馬齊一提，還能不允諾？

想到這裏，皇帝對張廷玉笑道："張廷玉，明日朕倒要看看你的眼力。"

第二天一早，馬齊被召至宮中。皇帝告訴他聯姻的打算。馬齊儘管是名門後裔，但攀龍附鳳，也是求之不得。他連連點頭稱是。然而待皇帝講完，他卻提出一個問題：

"這妞妞是我兄弟李榮保之女，只是寄養在我家。她父母尚健在，婚姻大事，我這當大爺的怕是不好作主。"

"朕想你兄弟不會不通情理。你回頭跟他說說，他斷不會回絕。"

"可他現在正攜家眷在咸陽當差。"馬齊一邊應付皇帝的問題，一邊想，要不這妞妞還不會放在我家呢。

"這個好辦，指婚禮你替你兄弟行，初定禮由內務府派員送到咸陽就行了。"

雍正皇帝這樣肯定李榮保的女兒，全為頭天下午他派出的人已經把這孩子的情況了解得一清二楚了：她果然是個品貌雙

**◆ 乾隆皇后像**

孝賢純皇后富察氏，為乾隆帝元后，為人貞淑勤儉，深得皇帝鍾愛。乾隆十三年（1748）隨駕巡幸山東時，死於舟中，時年三十七歲。

全的姑娘，且生辰八字與皇四子弘曆也正相當。娶她為媳，皇帝十分滿意。

弘曆的指婚禮是按照皇家的規矩由馬齊代行的。馬齊身着蟒袍補服，由主持指婚禮的襄事大臣帶到宮中乾清門外，面北而跪，襄事大臣面西而立。一切就緒，大臣才高聲宣佈："皇帝有旨。今有察哈爾總督李榮保女作配皇四子弘曆為福晉。李榮保因公外出，大學士馬齊承旨。"

馬齊聽到自己的名字，連忙對着乾清門行三跪九叩禮。指婚禮即告結束了。雖然是姪女嫁到皇家，但也是富察家滿門的榮耀，馬齊心裏頗為得意。

初定體由於要送許多聘禮，諸如金銀首飾、大小東珠、毛皮綢緞、駱駝馬匹等到女家，因此比較複雜。按照皇帝的旨意，內務府總管大臣帶着若干隨員，攜帶着盛放聘禮的綵亭，

43

從京城出發，直驅咸陽李榮保的宅第。

李榮保得知此信，真覺喜從天降。他在家裏張燈結綵，迎接貴賓。李榮保有女要為天子兒媳的消息，在咸陽古城不脛而走。舉行初定禮這天，李榮保府第被前來恭賀與看熱鬧的市民圍得水洩不通。李家院內，擺滿了內務府大臣送來的各式聘禮。金光耀眼的禮品，令地處秦地的咸陽士紳大飽眼福。李榮保則感動得率領全家面向東北——京城所在之地連連叩頭謝恩。

就在內務府大臣受命前去咸陽舉行初定禮前後，皇宮中也在為弘曆的婚事操忙。指婚禮前一天，皇帝特意到弘曆的居所——重華宮去了一趟。

這是四月中的一個晚上，朦朧的月光使高大的宮殿顯得幽深莫測。重華宮院內的幾株海棠，在溫煦的春風裏輕輕搖曳着枝條，溢散出陣陣清香，令人心醉。

"月夜這樣好，不知這孩子是在用功還是貪玩？"儘管弘曆已經長大成人，父親仍然把他當成頑童。

皇帝看到弘曆書房的窗中透出燈光，便示意太監不要出聲，徑直向書房走去——他常常是這麼出人意料地出現在某人面前。

此時弘曆正在燭光之下，對着《詩經》中的首篇"關關雎鳩，在河之洲"發楞，絲毫沒有查覺出皇父已經進屋。但皇帝卻清清楚楚地看出弘曆所看之書的內容了。他的心情頗為複雜：一方面不悅，認為婚姻大事該聽父母做主，弘曆不應想入非非；一方面又得意：自己決定為弘曆擇偶，正是時候。唉，他已經不是孩子了！

"曆兒！"皇帝輕喚一聲。

沉思中的弘曆有如聽到一聲巨響，驚得猛然抬起頭來。見是皇父駕臨，他慌忙合上書，站起身來。

"在唸甚麼書？"

"是，是經書。臣兒在背《詩經》。"弘曆頗為緊張地回答。

皇帝眼睛裏閃過一種令人難以琢磨的神色。他把手放到弘曆肩上，重重一按："曆兒，你明白《詩經》因何以關雎為首嗎？"

弘曆聽皇父一提"關雎"，臉上不覺陣陣發燒。他動動嘴唇，不敢說出聲來。

"這是人倫之本啊！"皇帝歎了一口氣，繼續說："你已經長大了，該是成家立業之時了。朕已為你定下一門親事。"

弘曆一聽，情不自禁睜大雙眼，臉上顯出期待的神情。

"這姑娘是聖祖皇帝時的功臣米思翰之女孫。米思翰在平三藩之亂時為我朝立下汗馬功勞，死後聖祖親定其諡號為敏果，又予以祭葬。他家名聲受到交口稱讚。雖則這姑娘的父親品位不高，但姑娘本身品貌雙全，又是名門之後，頗為難得。指婚禮就在明晨舉行，初定禮則要到李榮保效力的咸陽衙門去辦。這姑娘娶過來就是你的嫡福晉了。"

弘曆聽了，連忙說："婚姻大事，父母之命，媒妁之言。臣兒一切遵皇父安排。"

"那好，成婚之日就定在七月中旬，這幾個月裏你仍需刻苦讀書操練，不得耽擱時光！"

雍正五年（1727）七月十八，是弘曆迎娶嫡妃富察氏的佳日。弘曆想到自己就要娶妻成家，心中很不平靜。他沒有事先

要了解新人的願望——從小就唸《禮記》、《周禮》，三綱五
常的道理，他是自幼銘記在心的。但他卻很想早點見到新人。
不知她是否真如皇父所讚許的那樣？成婚的頭天夜裏，弘曆難
以安眠，不斷胡思亂想，直到條案上自鳴鐘內的小鳥叫了三

◆ **囍字鳳輿**

清代皇帝冊迎皇后時用的鳳輿，轎內外裝飾華麗，具有濃
厚喜慶色彩。乾隆納妃時，仍為皇子，所用鳳輿形制規格
應低於皇后鳳輿。

聲，才迷迷糊糊睡去。待他睜開眼時，窗戶紙已經很亮了。弘曆一把掀開身上的綢衾，翻身就要下地，他的一個貼身小太監楊永貴一把扶住他。

"爺睡得好香，忘了今兒個是甚麼日子了？"

弘曆嗔怪地瞪了他一眼："廢話倒不少！還不快把蟒袍拿過來！當心誤了時辰！"

"這日子口兒可不能着急生氣。爺要用的一應物品，昨兒晚上就都備好了。"說着，楊永貴捧過來一套簇新的橘黃色蟒袍，侍候弘曆穿上，又幫他漱洗、用餐。一切收拾完畢，也不過一袋煙工夫。

內務府大臣此時已經候在重華宮門外了。弘曆隨着他，急赴養心殿——按照清宮禮儀，皇子在成婚日都要先向帝后和自己的生母行禮。

一個時辰後，由內務府大臣領頭，四十名護軍護衞着紅緞綵輿，由馬齊家回到宮中。弘曆正在重華宮中坐臥不安，只見女官導引着頭罩緞繡蓋頭，身着緞繡吉服的新娘富察氏走下喜轎，穿過重華宮外為招待福晉父母及二品大臣以上命婦而張搭的五彩棚幕，走進重華門了。弘曆周身的血液不禁加快流動起來。他真想一步上前把新娘的紅蓋頭揭下，無奈禮規制約，只好聽憑贊事命婦傳達的儀注一項項進行。好容易捱到行合巹禮了——民間叫吃交杯酒，即新人在婚禮上各用一隻葫蘆分成的瓢飲酒。皇家自然不能用匏器了，他們用的是一對新疆玉製成的瓢型杯——新福晉被掀去了蓋頭，露出一張粉白、俊俏的鴨蛋形面龐。一對澄如秋水的鳳眼，流露出不勝嬌羞之態，使正舉杯欲飲的弘曆，一時覺得銷魂索魄。

"真乃國色天香！究竟是皇帝挑選的！"弘曆從心底裏欽佩起皇父的眼力來。他接過新福晉遞過的酒杯，一飲而盡。待他正欲與富察氏交杯時，卻見她低着頭，正小口呷着剛才交換過的那杯甜酒，似乎在品嘗和揣測着生活能否像喜酒那樣甜。

執事女官們見這對新人一剛一柔，覺得甚是有趣，忍不住悄聲笑了。

弘曆與富察氏婚後的生活，還真如喜酒那般甜蜜。富察氏從小寄養伯父家，很少體會到家庭的溫暖。結婚之後，她視丈夫為自己的終身依託，視重華宮為自己歸宿之地。他對弘曆極盡溫柔。丈夫挑燈夜讀時，她守在一旁，或繡製荷包，或為他哼唱小曲。有時，她也頑皮地要弘曆教她聯詩對句。每當丈夫因滿語或騎射成績欠佳受到皇父的指責時，富察氏總要親下膳房，做上一兩樣弘曆愛吃的點心，支開旁人，一邊侍候他用點，一邊給他講些自己做姑娘時聽到的趣聞。直到弘曆忘卻煩惱，恢復常態，她才微笑着靠到弘曆的肩上。

重華宮中，充滿了從未有過的家庭溫馨。

富察氏在娘家啟蒙，從小即讀《女兒經》、《烈女傳》。嫁給弘曆後，恪守婦道，不僅對丈夫，就是對太監宮女也從未紅過臉。每日清晨，最早到皇后宮中及弘曆生母熹貴妃處請安的就是富察氏。上上下下，無一不誇讚四阿哥的嫡福晉孝順賢慧。這些，自然也給一向爭強好勝的弘曆贏來光彩。

她又生性恬靜，絕少嫉妒之心。弘曆成婚後，皇父又陸續指派給他幾個姑娘做側福晉。身為嫡福晉的富察氏，很少與她們爭風吃醋，相處得如同新姐妹一般。這一點使弘曆深感寬慰。每當他要到側福晉屋內就寢時，總要先同嫡福晉共用晚餐，同話家常。他們相敬如賓，和睦共處，從沒有因為家中增添側福晉而破壞了夫妻感情。

富察氏還有一點頗為難得。宮中女子，即使是地位卑微的宮女，也都要千方百計地描眉點唇，希冀求得帝王青睞。富察氏卻恰恰相反。也可能由於天性恬靜之故罷，她從小就喜歡素雅大方。出嫁後雖身為皇子福晉，愛好卻從不更易。結婚第二天，富察氏就換下禮服，穿上從娘家帶來的月白色小褂和淡綠色長裙，娉娉婷婷走進弘曆的書房。十七年來，弘曆見到的女人，個個妖嬈艷麗，從未見過如此樸素無華的裝束。他情不自禁高聲讚歎：「難怪古人道『清水出芙蓉，天然去雕飾』，你真如一朵出水白蓮！」富察氏長到這麼大，還是第一次聽到有人當眾誇讚自己。何況此褒美之詞又出自瀟灑倜儻的新婚丈夫之口！兩朵紅雲驀地飛上雙頰，更教人憐愛。

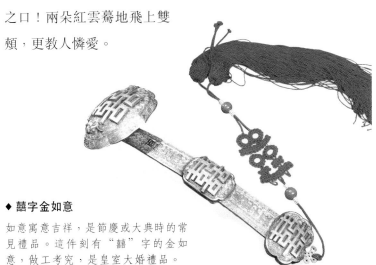

◆ 囍字金如意

如意寓意吉祥，是節慶或大典時的常見禮品。這件刻有「囍」字的金如意，做工考究，是皇室大婚禮品。

幾年過去，她始終是淡淡裝，天然樣。在一羣花團錦簇的女子之中，極顯嬌媚典雅。

婚後八年，富察氏為弘曆生下一男二女。皇孫因是皇帝心目中皇儲之子，故深得雍正皇帝的鍾愛，親自為他起名為永璉。這孩子自然也就成了弘曆的掌上明珠。富察氏身為嫡福晉，且與弘曆感情篤深，又是兒女雙全之人，立她為皇后，是順理成章之事。

# 【三】

弘曆數月來忙於朝政，每晚都在養心殿批閱奏摺，已有半個多月未與富察氏小聚了。今日從太后那裏得到滿意的答覆，首先想到的就是富察氏。他嫌在宮內乘坐肩輿太煩，不如自己步子快，便打發走太監，自己大步流星地奔向重華宮。

這時，富察氏正在重華宮暖閣內教愛子永璉唸唐詩。一陣熟悉的腳步聲，讓娘兒倆同時抬起頭來。永璉見到多日不見的父親，興奮地高喊"阿瑪！"伸開雙臂就向皇帝撲去。

弘曆一把抱過孩子，在他胖胖的小臉上使勁親了兩下，然後一轉身，一邊脈脈含情看着富察氏，一邊說："璉兒，剛才誰在教你唸書？"

"是額娘！"

"是皇額娘！"弘曆說着，衝富察氏抿嘴一笑。

富察氏見狀，一把上前抓住弘曆的胳膊，又一下鬆開，語無倫次地說："你！皇上！這是真的？！"

弘曆認真地說："是真的。我剛從太后宮裏來，命禮部商

### ◆ 皇后朝袍

明黃色緞製，袍上繡有九條金龍，帶披領，是皇帝后妃等級最高的禮服。皇后於冊封、壽辰等大型典禮時，要穿朝袍，宮廷所畫皇后肖像也多為朝服像。

議冊立的懿旨一會兒就頒發，冊立之典待過了孝期再舉行。"

富察氏聽了，不覺滾下兩行熱淚，"八年來妾服侍皇上，不是為的這個，只求皇上安康，天下太平。"說着，竟嗚咽起來。

弘曆把孩子遞給身邊的太監，將富察氏拉到炕邊坐下，疼愛地說："這本是你應該得到的。這麼多年來，誰不稱你賢慧孝順！咱們雖說未歷糟糠，但也稱得上同甘共苦了。我儘管當了皇帝,夫妻情分卻不能丟掉。今後咱們仍以你我相稱。你理家政,我主朝綱,同把祖宗傳留下來的家業治好。普天之下的婦道,都望着你這母儀哩!"

富察氏抬起淚眼,望着皇帝,莊嚴地點了點頭,似乎表明從這天起,她就要擔負起指導天下女人的責任。

光陰似箭,一晃就是乾隆三年(1738)了。這年暮春的一天,下了一場難得的透雨。雨過天晴,戶外清新的空氣吸引着皇帝放下手中公文,走出殿外,又信步向皇后居住的長春宮走去。

一進宮門,他就看見皇后正與幾個宮女在院中忙活,皇帝以為她們在玩甚麼遊戲,不覺笑道:"都兒女成羣的人了,還在玩甚麼呢?"

她們本來都在忙自己的事,誰也沒有注意到皇帝進門,聽到這聲發問,不自覺都止住了腳步。

院內鴉雀無聲。皇帝這才看清,皇后手中拿着一杆盤秤,四五個宮女,人人都捧着一隻大碗。皇帝好生奇怪:"這是在玩甚麼?"

皇后微笑着說:"我在娘家時,一小就聽大爺說,我爺爺米思翰是康熙朝的戶部尚書,向來留心農事,說晴雨變化對農事影響最大。每年收成如何,只須看天氣就能估算出個大概。我一個婦道人家,雖不能為皇上出力,還可為皇上分憂。打頭年起我就試着測試晴雨,錄下有兩冊了。或許能派上些個用場。"

聽皇后這樣一說,皇帝大為感動。他情不自禁將皇后拉到

◆ 賀表

每逢節慶典禮，大臣要向皇帝或太后進賀表，內容統一擬定。此圖係乾隆二年（1737），大臣進呈的賀表，祝賀皇帝冊立富察氏為皇后、太后加"崇慶慈宣皇太后"的徽號。

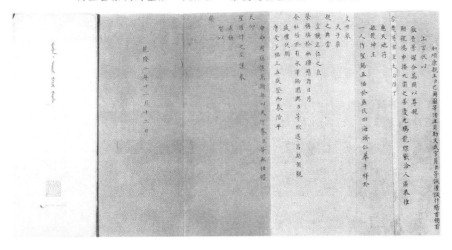

自己胸前，動情地說："難為你想得這樣周全，真不愧為國母！即位已三年了，終日忙於政務，一些該行的大典都無暇舉行。我想今春就恢復耕籍禮，依照成例，到先農壇祭祀神農大帝。"

"那麼我是否也該行祭蠶禮呢？歷代皇后不是都要祭祀蠶祖嗎？"

"是這樣。不過目前蠶壇簡陋失修，又建在北郊，你率命婦出行一次頗為不便。不若先遣官代祭。待將來蠶壇遷至宮內，你再行大典。"

皇后聽了，點點頭。沉思片刻，又說："聽說聖祖皇帝在時，曾在西苑豐澤園植桑養蠶。我想依皇祖之例，也在豐澤園養蠶繅絲。唯有如此，才覺得替皇上分了憂。"

皇帝見她如此執着，只好同意她先在豐澤園養蠶。從這年開始，每年春天，乾隆帝后都要扮演一次牛郎織女的角色，分別到先農壇、蠶壇播種採桑，以示重視農事。

# 【四】

不知何故，皇后似乎注定命中無子。她第一個男孩永璉聰明伶俐，誰想未到十歲即殤。皇后不勝傷感。皇帝安慰她道："不要過於憂傷。你我均未及三十，再誕幾子是完全可能的。"結果八年之後，乾隆十一年（1746）四月，皇后生下第二子。這個孩子在諸兄弟之中排行第七，毫無特殊之處。但皇帝對他卻很不一般。皇帝想：自太祖開國至今，哪一朝也未曾有以元后正嫡紹承大統者。朕若能行先人未行之事，也是愛新覺羅氏的光彩。儘管璉兒走了，但皇后又育聖子，同是元后嫡子，應該承繼大統。於是他給皇七子起名永琮。顯而易見，此名含有繼承祖宗大業之意。但這個孩子壽數更短，因患痘症，僅活了一年零八個月，便夭折而去。

這一年皇后三十六歲。

皇后本是一個母性極強的女人。她寄養娘家大爺馬齊家時，很少享受到母愛的溫暖，始終認為這是一種缺憾。當了母親後，她這一天性得以充分施展。按宮裏規矩，皇子皇女出生，要交乳母餵養。但皇后卻要堅持自己親養。她知道自己的長處：性情溫和，又略識文墨，對孩子們可以起到乳母起不到的作用。在她的教養下，孩子們個個活潑可愛。皇帝每到長春宮，幾個孩子都要圍着他講故事，說歌謠，使他享受到在其他宮中享受不到的天倫之樂。大約這也是皇帝對皇后感情深厚的

◆ **蠶壇**

位於西苑東北隅，壇為方形，東有桑園，後有觀桑壇和浴蠶池。
皇后在蠶壇行拜祭禮，採桑繅絲，以示朝廷對養蠶事業的重視。

一個原因罷。可是天下盡如人意的事太少了。皇后所生兩對兒
女，有三個早早辭別父母走向黃泉。只有一個女兒長大成人，
在永琮出生那年遠嫁蒙古科爾沁草原。永琮夭折後，偌大的長
春宮僅剩下皇后一人。皇后悲涼的心情可想而知。原來五光十
色的生活，一下黯淡無光。無論走到哪裏，她都好像聽見孩子
喃喃細語，見到孩子伸開小手向自己撲來。皇后不思茶飯，日
漸憔悴。原來秋水般的鳳眼，變得黯然無神，白皙的面龐，好
像是塗上了一層黃蠟。皇帝看到皇后這種變化，自然很是心
痛，可他除了多去幾次長春宮外，也想不出甚麼高明的招數。

　　眼看春天到了，萬物甦生，連宮中深居簡出的妃嬪宮女，似
乎也感到了春天的生機。惟有皇后，仍舊終日鬱鬱寡歡。

　　二月底的一天，皇帝偶爾到西苑小遊，看到發青的柳枝輕
拂着解凍的湖面，一個念頭升上心頭：若此時到青山綠水的江

南一遊，賞心悦目，再大的煩惱怕也會減輕許多。

想到這裏，他對跟在身後的太監說：“備輿，回宮！”

太監們抬着皇帝，穿過漱玉飛珠橋，返回大內，直奔宮中養心殿。快到養心門了，皇帝才罵了一聲：“糊塗東西，回長春宮！”

皇帝在路上已籌劃好：因年前沒有作準備，今春若仿聖祖南巡是不可能了，但可改為東巡闕里，祭祀泰山。

他興致勃勃地對倚在牀榻上的皇后說：“今年春天來得早，南邊怕早已百花吐艷了。你我均未去過東南。今春咱們可奉太后同去東巡。出去走走，對身心大有裨益。”

“我渾身痠懶，沒有精神，怕是走不動。”皇后的反應卻很冷淡。

“還是去一趟吧。諸事都有巡幸總管大臣安排，不會讓你勞神。再者，有你陪伴，我也高興。”皇帝有些央求了。

皇后見皇帝把話已說到這種程度，覺得無法推辭，便歎了口氣，說：“那我只有捨命陪君，出京巡幸了。”

皇帝只當她是戲言，沒有放在心上。誰料天意如此，皇后富察氏此去就再也沒有回來。

這回是皇帝攜皇后第一次出巡東南。皇帝的興致很高。儘管連日霪雨霏霏，他還是把日程安排得很滿，不是登山就是遊湖，中間還穿插了校場閱兵。皇后雖然力不從心，但想到皇帝的情意，只好強裝笑臉，盡興陪駕，身體自然更為羸弱。

三月十一晚上，穿過德州的運河上，停泊着皇后回鑾乘坐的翔鳳艇。艇內安設了炭盆，紅彤彤的炭火，把艙內燻烤得暖

**◆ 江南名園：寄暢園**

乾隆帝在位六十年，期間曾仿效其祖父康熙帝，六次南巡。無錫寄暢園內堂閣亭榭，碧池假山，結構精巧，乾隆帝南巡到此後，留連忘返，回鑾後在京西萬壽山依此仿建了惠山園。

氣融融。但皇帝卻感到周身發冷，不斷打着冷戰。

皇后自昨日始就無力起牀了。皇帝看着她蒼白、削弱的面頰，心如刀割：這次出巡本是為她而設，誰想卻害了她的性命！

榻上的皇后緊閉着雙目，隨着陣陣困難的喘息，臉上顯出一片紅潮。皇帝一看這情景，馬上就聯想到皇父臨終之時。他知道這大概就是人死前的回光返照了。他抓住皇后的手，大聲喊道："皇后！皇后！"

　　皇后的魂魄已經快升到九天了，忽然聽到極遠的地方有個熟悉的聲音在呼喚她。她還想看看是誰，做了最後的努力，強抬起眼皮，看見是皇帝在拉着自己的手，兩行熱淚立刻湧出眼眶，她動了動嘴唇，卻發不出一點聲音。

　　在這生離死別之際，弘曆忘卻了皇帝的尊嚴。他抱住皇后，“嗚嗚”大哭起來。

　　皇后好像得到最後的滿足，在皇帝的懷抱裏安祥地合上雙眼，永遠離開了這個世界。

　　翔鳳艇迎着瀟瀟春雨，星夜向京城駛去。

　　皇帝在自己艙內，拿着一隻鹿羔皮縫製的荷包，呆呆地坐着。這隻樸素無華的小荷包，引起皇帝對皇后的無限情思。

　　那是幾年前第一次攜皇后去圍獵的一個秋夜，皇帝帶着兩隻白天獵獲的梅花鹿角來到皇后帳中。

　　“你看這是甚麼？”皇帝得意地問皇后。

　　“不過是兩副枯樹枝罷。”皇后故意開着玩笑。

　　“這你就大錯特錯了！這是我今天射中的一匹梅花鹿的犄角！鹿角血我當時就喝了，這副角留着給你配藥補身子。”

　　皇后見皇帝這樣體貼自己，不覺動情。她嬌羞地倚在皇帝身邊，脈脈含情地注視着皇帝。

　　皇帝的思想卻仍停留在白天猛烈的追逐射獵中。他興致勃勃地說：“今天我才領悟到國服舊俗何以不用金銀花線繡紋，僅以鹿尾毛皮沿邊為飾了。只要看到這領口袖邊的鹿皮，就能想起祖宗立業征戰的艱辛。這是在告誡後人不要忘本啊！”

　　皇后點點頭，若有所思。片刻，她站起身來，走到皇帝身

# 商務印書館 📖 讀者回饋咭

　　請詳細填寫下列各項資料，傳真至2764 2418，以便寄上本館門市優惠券，憑券前往商務印書館本港各大門市購書，可獲折扣優惠。

所購本館出版之書籍：＿＿＿＿＿＿＿＿＿＿＿＿＿＿＿＿＿＿＿＿＿＿＿＿＿＿＿＿＿＿＿＿

購書地點：＿＿＿＿＿＿＿＿＿＿＿＿＿＿＿＿　姓名：＿＿＿＿＿＿＿＿＿＿＿＿＿＿＿＿＿

通訊地址：＿＿＿＿＿＿＿＿＿＿＿＿＿＿＿＿＿＿＿＿＿＿＿＿＿＿＿＿＿＿＿＿＿＿＿＿

電話：＿＿＿＿＿＿＿＿＿＿＿＿＿＿＿＿＿　傳真：＿＿＿＿＿＿＿＿＿＿＿＿＿＿＿＿＿

電郵：＿＿＿＿＿＿＿＿＿＿＿＿＿＿＿＿＿＿＿＿＿＿＿＿＿＿＿＿＿＿＿＿＿＿＿＿＿＿

您是否想透過電郵收到商務文化月訊？　1□是　2□否

性別：1□男 2□女

年齡：1□15歲以下　2□15-24歲　3□25-34歲　4□35-44歲　5□45-54歲
　　　6□55-64歲　　7□65歲以上

學歷：1□小學或以下　2□中學　3□預科　4□大專　5□研究院

每月家庭總收入：1□HK$6,000以下　2□HK$6,000-9,999　3□HK$10,000-14,999
　　　　　　　　4□ HK$15,000-24,999　5□HK$25,000-34,999 6□HK$35,000或以上

子女人數（只適用於有子女人士）1□1-2個　2□3-4個　3□5個以上

子女年齡（可多於一個選擇）1□12歲以下　2□12-17歲　3□17歲以上

職業：1□僱主　2□經理級　3□專業人士　4□白領　5□藍領　6□教師
　　　7□學生　8□主婦　9□其他

最多前往的書店：＿＿＿＿＿＿＿＿＿＿＿＿＿＿＿＿＿＿＿＿＿＿＿＿＿＿＿＿＿＿＿＿＿

每月往書店次數：1□1次或以下　2□2-4次　3□5-7次　4□8次或以上

每月購書量：1□1本或以下　2□2-4本　3□5-7本　4□8本或以上

每月購書消費：1□HK$50以下　2□HK$50-199 3□HK$200-499
　　　　　　　4□HK$500-999　5□HK$1,000或以上

您從哪裏得知本書：1□書店 2□報章或雜誌廣告　3□電台　4□電視　5□書評/書介
　　　　　　　　　6□ 親友介紹　7□商務文化網站　8□其他 (請註明：＿＿＿＿＿＿＿)

您對本書內容的意見：＿＿＿＿＿＿＿＿＿＿＿＿＿＿＿＿＿＿＿＿＿＿＿＿＿＿＿＿＿＿＿

＿＿＿＿＿＿＿＿＿＿＿＿＿＿＿＿＿＿＿＿＿＿＿＿＿＿＿＿＿＿＿＿＿＿＿＿＿＿＿＿＿

您有否進行過網上買書？　1□有　2□否

您有否瀏覽過商務文化網站 (網址：http://www.commercialpress.com.hk)？1□有　2□否

您希望本公司能加強出版的書籍：

1□辭書　2□外語書籍　3□文學/語言　4□歷史文化　5□自然科學　6□社會科學

7□醫學衛生　8□財經書籍　9□管理書籍　10□兒童書籍　11□流行書

12□其他（請註明：＿＿＿＿＿＿＿＿＿）

根據個人資料「私隱」條例，讀者有權查閱及更改其個人資料。讀者如須查閱或更改其個人資料，請來函本館，信封上請註明「讀者回饋咭-更改個人資料」

九龍紅磡

鶴園東街4號

恒藝珠寶大廈二樓

商務印書館（香港）有限公司

顧客服務部收

◆ 乾隆圍獵圖

乾隆帝一生注重武功，注意保持滿族善騎射的習俗，經常舉行秋獮圍
獵。此圖描繪乾隆帝一行圍獵結束後，人馬休憩、煮食鹿肉的場面。
畫面將剝鹿皮、切割、燒烤鹿肉的過程一一展示，富有生活氣息。

邊，解下他身上前兩天才掛上的一隻繡有百鳥朝鳳的荷包，一下撕成兩半。

皇帝對她這一舉動感到十分意外："好好的，這是何苦來？"

"這個不好，明日我還一個好的與你。"

第二天早晨，皇帝正在披掛甲胄，準備再次遠足行圍，皇后輕盈地來到他身邊，伸手掀起他的戰袍。

"沒穿好嗎？"皇帝以為皇后是在幫他整理衣服。

"不，給你掛上這個。"皇后說着，將一個小包遞到皇帝手中。

皇帝一看，竟是一個用鹿皮縫製的荷包！他立時明白了皇后的用意，高興地拉着皇后的手，道："有你這樣的賢后，天下百姓也感寬慰！"

如今，人亡物存，睹物思人，皇帝的心像是用刀扎過一般疼痛。天快亮時，他命太監拿來筆墨，在紙上寫下這樣幾行字：

鳳輴逍遙即殯宮，感時憶舊痛何窮？

一天日色含愁白，三月山花作惡紅。

溫情慈闈誰我代，寂寥椒寢夢還通。

因參生死俱歸幻，畢竟恩愛總是空。

廿載同心成逝水，兩眶血淚灑東風。

早知失子兼亡母，何必當初盼夢熊？

寫畢，他沉思了一會兒，又寫道：

"皇后謚用'孝賢'。蓋以夫婦相知為深，辭足徵信。'孝賢'二字，實皇后一生淑德之括也。"

# 平定大金川
## 將相皆死罪

## 【一】

　　乾隆十一年（1746）臘月裏，皇帝打破他每早卯時到乾清門聽政的慣例，下令元旦前停止早朝。大臣們如釋重負，從此不必每天一早候在東華門外受凍，可以踏踏實實地準備過年了。皇帝自己也變得有些懶散，每日只是與妃嬪一起讀書作畫，飲酒對詩。百姓們忙了一年，元旦前後都要歇上一段，何況日理萬機的天子！快近年關的一天，閒散了多日的皇帝忽然意識到年前似乎還應辦點正事，否則新年會過得不踏實。他在長春宮用過早膳，便朝平時處理政務的養心殿走去。

　　養心殿正間寶座上，高高地堆着一摞奏摺。皇帝不覺心裏一驚，屈指一算，他竟有十多天沒進養心殿的大門了！真是須臾不可懈怠。各地呈送朝廷的奏章，在皇帝停辦政務期間，一天也沒有停止過。奏事處的官員儘管知道皇帝近來不理朝政，但因未得吩咐，不敢積壓，每天仍將奏摺送往內廷。十多天下來，數量當然不少。皇帝一邊翻閱各地呈上的奏摺，一邊暗暗希望不要發生甚麼大事。還好，絕大部分都是平安摺。但最後一件引起了皇帝的注意。

這是川陝總督慶復的一份摺子，說是四川大金川土莎羅奔與小金川結仇，騷擾四鄰，動亂不已，請求皇上批覆。皇帝看了看此摺的日子，是十二月初八寫的，遞到內閣的日子不過十二月二十日。數萬里的路程，只用了十二天，看來事情相當緊急。他思索了一下，回頭對候在身邊的太監張多福說："快去把聖祖皇帝製的《皇輿全圖》取來！"

皇帝指的"全圖"，即康熙時期遵照聖意，由當時在宮中供職的一些法國人和部分中國人，花費了二十多年的時間共同

◆ **養心殿正殿**

養心殿正殿內設有寶座，同乾清宮一樣，是召見大臣的地方。雍正帝以後，成為清代皇帝主要的辦公場所。

測量繪製出來的一份全國地圖。此圖詳盡準確，是當時很少見的科學成果。自雍正朝起，凡有戰事，皇帝就要先看這份地圖。

張多福捧着一個紅雕漆的匣子走進養心殿，皇帝說了聲"腿還算快"，便叫人幫着多福把匣中地圖掛在西壁毘盧罩下。還好，這次要查的四川省就在地圖的最下端，若不然就蹬梯上高才能看清。

皇帝在圖上先找到金沙江，又找到大渡河，才確定下大金川土司的位置。金川這個地方真是山巒密佈，河流縱橫。小小的一塊天地，竟有十來條江河穿過。難怪慶復的摺子中說，那裏"崇山峭聳，遮霄蔽日"呢。皇帝對着地圖審視了一刻鐘，轉身回到桌前，在慶復的摺子上批道：

"莎羅奔如僅小小攻殺，事出偶然，既非侵擾疆土，於進藏道路塘汛亦無捍，彼穴中之鬥，竟可任其自行消釋，不必遽興問罪之師。如其仇殺日深，勢漸張大，則當宣諭，令其息憤寧人。儻果有拒抗侵軼，不得不宣佈皇威，用殺懲創，宜當相度機宜，慎之於始。"

寫畢，他將毛筆向桌上一擲，長吁一口氣，一陣愉悅的感覺襲上心頭：今年又平安無事地度過了。皇帝命人將此件快送四川後，便邁着輕鬆的步子返回長春宮。

就在皇帝為慶復的摺子寫批示時，慶復在四川所面臨的局勢發生了重大的變化。

原來，居於大渡河上游的大金川土司莎羅奔與小金川土司澤旺本屬一對叔姪，且澤旺又娶了莎羅奔的女兒阿扣為妻。這兩位土司的先人都早在順治年間就歸順了朝廷，接受

了清帝的敕封。莎羅奔為人陰險狡詐，權慾極強，自當上大
金川的土司後，就蓄謀着要吞併毗鄰的小金川。他將女兒嫁
給澤旺，不過是他吞併小金川計劃中的第一步。阿扣嫁給澤
旺已有數年，但夫妻感情不好，左右不了澤旺。莎羅奔的美
人計有落空的危險。眼看自己的年歲一年年增大，而近在咫
尺的小金川仍未到手，莎羅奔不免心焦，終於不顧一切，在
乾隆十一年秋天向小金川發動進攻，將澤旺劫去，並奪了他
的印信。戰爭猶如一匹失去籠頭的戰馬，一旦放縱於疆場，
人就很難再控制牠。只有當牠饑餓不堪，疲憊已極時，人們
才有可能把牠重新招回廐所。莎羅奔劫持澤旺，起初不過僅

◆ 《皇清職貢圖》中的金川番民

《皇清職貢圖》繪於乾隆時期，主要記錄與清廷交往的各少數民族及外國
的歷史地理沿革、風俗服飾等。這是其中所繪的金川番民。大、小金川位
於大渡河上游川藏交界地區，當地居民以耕牧為生，崇信喇嘛教。

是為將小金川據為己有。誰想垂涎多年的鄰居竟易如反掌地成了階下囚，他的頭腦便昏熱起來。他親率番眾，一鼓作氣沿大渡河向南鄰的革布什扎和明正兩土司攻去。元旦前夕，大金川士兵打到了康定附近。康定時稱打箭爐，是內地與西藏之間的主要通道。西藏的僧俗人員到京朝貢覲見，蒙古百姓入藏朝聖熬茶，打箭爐是必經之地。內地的茶葉布匹，西藏的皮毛藥材，也都是通過打箭爐得以交換的。朝廷十分重視此鎮，特派官兵駐防鎮守。莎羅奔發動的戰爭，不僅引起川藏交界一帶土司的動盪不安，而且危及到打箭爐的安全，這使深知利害的川陝總督慶復惶恐不安。他接到打箭爐告急的戰報後，一邊調兵遣將，急赴打箭爐彈壓抵抗，一邊派人火速進京，向皇上請旨增援。

消息傳至京城，正值元宵燈節。這是萬民同慶的日子。無論士女老幼，紛紛出門離戶，耍獅子、跑旱船、踩高蹺、舞龍燈，解去年的勞頓，求新年的安福。一到夜晚，簇簇煙花就在神州上空競相開放，有如百花吐艷的春天提前來到人間。每年此時，皇帝總要攜后妃奉太后到京西圓明園觀煙火。皇帝春秋鼎盛，於新鮮奇巧的事情抱有極大的熱情。他曾對皇后說："你我雖身居九五，但民間的樂趣也該領略一二。"於是下令將民間各式花炮都羅致入宮。每逢燈節，輪流試放。觀煙火地點選在山高水長樓。樓前地勢平敞，樓後還有小河，萬一出現不測，便可引水滅火。

燈節這天晚上，山高水長樓前聳立着一座巨大的鰲形燈山，鰲的雙眼和腹部熠熠閃光，雙鰭和尾部還掛滿了牡丹、荷

"大人！皇上頭年兒剛向四川發了上諭，還沒見結果，可又來了告急信！看樣子還確實十萬火急。萬一這打箭爐被金鑾拿下，朝廷不就得派重兵出戰嗎？咳，太平的日子不過十來年，又要打仗了！"

尤慶一聽，忙問："甚麼金鑾？在哪兒打仗？"

軍機章京順手把剛接到慶復告急摺遞給尤慶。尤慶粗粗看了一下，說：

"皇上正在山高水長觀燈，這會兒怕也快收燈了，我給他送去。"

"不是還沒放炮打襄陽城嗎？"

"哼！還炮打襄陽城呢，都快炮打京城啦！"尤慶說着，便拿了摺子朝山高水長樓走去。

尤慶一時急昏了頭，顧不得察言觀色，走到皇帝跟前，只叫了聲"皇上！"就把摺子送了過去。

皇帝以為張多福又來換手爐，頭也沒回，嘟囔了一句："不是剛剛換過嗎？"便隨手接過。他拿到手中，才發現不對。怎麼是份奏摺？皇帝好生奇怪，扭身一看，是領侍衛內大臣站在自己身邊。

礙於今天是上元節，尤慶又是三朝老臣，皇帝不便發作，卻厲聲地"嗯"？了一聲。

"四川告急。"尤慶指指摺子。

皇帝雖然喝了不少，但思維並不亂。他很清楚，在年前處理的諸事中，只有慶復的摺子最為重要。然而一則事態還沒有擴大，二則馬上又要過年，皇帝不願敗了大家的興，因此努力不去想這些事。這時見到慶復的第二份告急摺，就再也無心看花，他說了聲"放萬國樂春台"，便起身向平時居住的九洲清晏走去。

太監多福看見皇帝瞬息間的兩種態度，困惑不解。只好自遣：老老實實當你的差吧！以後少多嘴才是。

這一夜皇帝沒有入睡。他已經意識到，這場危及打箭爐的星星之火若不及時撲滅，就會燃成中斷內地與西藏聯繫的熊熊大火。信奉黃教的蒙古、新疆諸部，勢必要乘機作亂。那種可

◆ 權力中樞：軍機處

軍機處位於乾清門外，雍正七年（1729）初設時是臨時參議機構，後逐漸演變為最高權力機關。軍機處設軍機大臣、軍機章京等職，負責代皇帝草擬政令。軍機處沒有辦事衙門，只有軍機大臣值房，內部陳設簡陋。

#### ◆ 戎裝的乾隆

乾隆帝一生武功卓著，曾多次御駕親征，平定準噶爾、大小和卓等部的叛亂，以靖邊疆。圖中的乾隆帝身披戰甲，佩帶弓箭，英姿勃發，體現了清代皇帝的尚武精神。

怕的局面真是不堪設想！立即勘勒動亂，成了當務之急。

皇帝命軍機處給他調來川陝雲貴諸省十年來剿平動亂的全部卷宗，一個人坐在九洲清晏的樂安和寢宮中，整整翻看了兩天。

往年的燈節，是從正月十三開始，到十七才收場。這次由於皇帝自十五日就扎到金川軍務中，燈節自然也就提前結束了。皇后妃嬪們一年到頭難得盡興玩樂一次，但皇帝足不出戶，也只好各自悶在自己的房中。由於不知發生了何事，人人惴惴不安，只等着傳諭下旨。

在九洲清晏翻看奏摺的皇帝早把后妃大臣忘在腦後，他的思緒完全陷在如何平息金川這場動亂中：

現任川陝總督慶復，是皇考世宗皇帝最小的一位孃舅，在外任職多年。頭年雖與松潘地區動亂土司打了幾仗，但戰績平平，既無帥才，也無將才。讓他繼續留任川陝總督，很難說後果如何，倒是貴州總督張廣泗在剿平動亂上頗有見地。六年前貴州苗民發生動亂，就是派張廣泗前往經略，才得以平息。為此特加張廣泗太子少保銜。不若將張廣泗調往川陝，讓慶復回京待命，如此金川動亂，剿平有望。

皇帝想到此處，提筆給內閣寫了一段上諭：

"大學士慶復在外多年，綸扉重地，應召取道回京辦理閣務。川陝總督缺，着貴州總督張廣泗補授。不必來京，即由貴州取道，速赴川省。陝西綠營駐兵，隨即前往。欽此。"

# 【二】

張廣泗是漢軍鑲紅旗人，頗有軍事才能。雍正年間，朝廷派兵平定準噶爾動亂時，他就已是出師西路的副將軍了。但這個人剛愎自用，若有高手挾制，他是一員虎將，讓他獨當一面，很多事情則難以預料。張廣泗自康熙末年就駐紮西南。二三十年來，每次回京述職，不過個把月，皇帝對他的了解，僅僅是從歷次的戰績上。皇帝以為這次任命張廣泗赴川，是自己的一招高棋，殊不知對張廣泗短處的一無所知，恰引出了相反的結果。

乾隆十二年（1747）二月初，正在貴陽總督府觀賞歌舞，與家人部屬過"龍抬頭"的張廣泗，突然接到了軍機處特使送來的特急上諭。

張廣泗連忙設案燒香，聆聽綸言。當他聽到上諭中所提"不必來京，即由貴州取道，速赴川省"時，一個熱浪湧上心頭，眼睛竟濕潤了。心想：當今皇上確乎聖明，知臣莫如君哪！不是廣泗自傲，別看他慶復身為大學士，又是皇親，但平定金川動亂，還非廣泗莫屬！

張廣泗躬下腰身，朝北邊京城方向行了三跪九叩大禮，嘴裏高聲說道："臣當肝腦塗地，為皇上盡犬馬之勞！"

第二天，他帶了幾十名多年跟隨自己的親兵，輕裝赴川上任去了。

張廣泗雖然自負，卻非貪生怕死之徒。征戰多年，從來都是親赴前線安營紮寨。他到任後，與卸任總督慶復僅寒暄一下，便率領三萬官兵直赴金川。他一路西進，一路仔細觀察着地形，琢磨着與莎羅奔交戰要採取的對策。

這金川一帶，與他管轄多年的貴州雖同為山地，但情形卻迥然不同。貴州的山上多紅土，遮天蔽日的杉柏一山連着一山。這裏的山上多石頭，放眼望去，見到的都是崢嶸陡峭的怪石。這裏沒有潺潺的溪水，只有兩山之間咆哮的激流。在山勢稍緩之處，高聳着一座座石碉，那大約就是番民們的住所。張廣泗不覺有些發愁了：儻若兩軍交戰，官兵處於明處，金酋卻躲在暗處，且地形狹窄險峻，還真是一場惡戰哩！

張廣泗此次赴金川，目的是小金川土司澤旺的山寨美諾官寨。兩金川爭鬥，小金川是弱者，張廣泗認為，只有攏住小金川，才可盡快將大金川莎羅奔的氣燄打下去。據探子回報說，澤旺土司的老婆阿扣一口應允官兵進駐小金川，還說只有官兵才能替她丈夫報仇出氣。果然，當張廣泗率軍來到美諾官寨時，只見寨門大開，一位身着皮袍，腰繫五彩繒繽的婦女站在門口。她大概就是阿扣了。阿扣的身旁，站着一個手持腰刀的粗獷彪悍的漢子。他不會是澤旺，澤旺此時還被扣在大金川。那人一副盛氣凌人的神態。張廣泗判斷此人絕非寨中奴隸。

張廣泗翻身下馬。阿扣捧着一條雪白的哈達迎上前說："阿扣在此恭候總督多時。請總督接受我們的敬意。"

張廣泗伸出雙手，接過哈達，有意重複了一句："我們？"

"噢，這是我丈夫的兄弟良爾吉，寨裏的土司。"

那漢子聽阿扣介紹，忙上前躬腰施禮道："良爾吉拜見總督，願為總督效力。"

### ◆ 石碉林立的金川

平定大、小金川後，乾隆帝命繪製戰圖一套。這是其中的一幅，
描繪出金川地區山勢陡峭，激流咆哮，碉堡林立的地形特徵。

　　張廣泗沒料到小金川頭人對官兵如此有禮。自己不費吹灰
之力就進駐美諾官寨，心中十分得意。他以為，有官兵做主
力，土兵當嚮導，大金川便指日可取了。

　　實際情況卻恰恰相反。張廣泗調官兵三萬、土兵五千，三
次分四路出擊莎羅奔老巢噶爾崖，均遭失敗。每次出擊都是在
山勢陡峭、道路狹窄的隘口處遭到大金川士兵的伏擊。

　　習慣於在遼闊地帶縱橫馳騁的官兵，被堵在盤山而上的羊
腸小道上，若想不束手待斃，就只有撤退逃命。三次出擊，不
但折兵數千，還賠了總兵任舉、參將賈國良的性命。

　　張廣泗對部下的無能深為惱火，但又無可奈何。第三次出

擊，是自己領兵親征，在半路遭到伏擊，若不是親兵眼疾手快，將自己推到山凹處，從山上飛來的石雨就會結果了自己的性命。張廣泗恨得牙根發癢，二十多年的驚濤駭浪都闖過來了，難道會在這小山溝裏翻船？

就在張廣泗於帳中冥思苦想，尋求解脫的辦法時，寨中土司住的石碉內也燈火通明，良爾吉正擁着嫂子阿扣躺在一張巨大的豹皮榻上。

"別看張廣泗是朝廷大將，量他也難逃我的算計！"良爾吉洋洋自得地說。

"這仗還得打到哪年月啊？這人前是叔嫂，人後是夫妻的日子我過膩了！"阿扣偎在良爾吉懷裏，憂鬱地發着牢騷。

"急甚麼，那麼多年都熬過來了，還在乎這幾天！官兵在這兒獃不長了。只要他們一撤，你阿爸就會宰了澤旺。到那時我就是這山寨的土司，你就是我的押寨夫人啦！"

原來這阿扣嫁到小金川後，因與澤旺不合，沒多久就與良爾吉勾搭成姦了。良爾吉不僅想長期霸佔阿扣，還想佔山為王。無奈澤旺的武藝高他一籌，使他遲遲坐不上寨裏第一把交椅，只好在暗中與阿扣廝混。澤旺被大金川土司莎羅奔掠去後，良爾吉即以土司自居。但好日子沒過了幾天，官兵進川的消息便傳到美諾寨。良爾吉慌了手腳，忙送阿扣回娘家，與莎羅奔商議對策。結果達成良爾吉詐降做內奸，誘導官兵進入大金川，土兵埋伏的詭計。事成之後，莎羅奔正式將阿扣聘給良爾吉。這樣就發生了張廣泗三次出兵，三次被創之事。張廣泗過於自信，對小金川的語言又不精通，完全不懂其中奧妙。

# 【三】

乾隆十二年七月，張廣泗出師失利的消息傳到皇帝手中。

皇帝自傳諭張廣泗由貴州直驅四川赴任後，就不斷盼着西南邊隅傳來紅旗捷報。一個多月前，見到了小金川收降的消息，他不免有些自得：看來調張廣泗這一招棋走得還算對路。只要張廣泗一鼓作氣，平息川西動亂指日可待。沒想到一個多月後卻接到損兵折將的消息。

這天皇帝正在西苑瀛台。自入夏以後，他便仿效祖父聖祖皇帝，由宮中遷到西苑瀛台處理朝政，散朝後有時讓大臣們在苑內賞花釣魚，有時就留下幾名大臣與自己吟詩對弈。這天與皇帝在瀛台南海畔迎熏亭中下棋的有滿大臣傅恒、訥親，漢大臣沈德潛和錢陳羣。傅恒與訥親都是軍機大臣又都是皇親。傅恒是皇后富察氏的同胞兄弟，訥親是康熙時孝昭仁皇后的外甥，輔政大臣遏必隆之孫。傅恒處事慎重，訥親為人勤敏，因此深得皇帝的賞識，以為近臣，晚膳後若有事造訪，還分別召見。當時人稱"晚面"。錢、沈二人都是當朝文臣，以詩文見長，皇帝每有新詩，必找他們二人磋商，皇帝對他們四人的寵信，似乎超出別的大臣。

不知是皇帝的棋藝高超，還是大臣們有意奉迎，一連兩局，都是皇帝得贏。皇帝心中高興，臉上卻不露聲色，他對訥親說："傅恒和錢陳羣都被朕殺敗了，五局三勝，你再與朕較量一下如何？"

訥親早看出上一局中有幾步關鍵的棋是錢陳羣有意謙讓，

◆ 瀛台

西苑南海的瀛台，明時稱南台。園內景色秀麗，似海上仙山，故改稱瀛台。從康熙帝開始，清代皇帝夏季多在瀛台處理朝政。

而自己素有棋癖，棋局佈開，便是高屋建瓴，勢如破竹，常把對手殺得一敗塗地。萬一贏了皇帝，君臣都覺難堪。便說："棋逢對手，將遇良才。奴才的棋藝拙劣，不是皇上的對手，皇上手下留情，饒了奴才罷。"

皇帝明知訥親有意迴避，也不點破，只說："既然訥親不是對手，那就由沈德潛來同朕作對吧。"正說着，太監張多福端着一盤冰鎮川橘走進來。這橘子還是頭年秋天進貢來的。雖過了一個冬春，但因精心保存，不失水也不走味，加上冰鎮，在這伏天吃起來格外有味。

多福把盤子放到皇帝面前。

"萬歲爺，吃吃冰鎮橘子解解暑氣吧。"說完朝訥親使了個眼色。

皇帝到底年輕機敏，訥親還沒反應過來，皇帝倒先發覺了。

"甚麼事要這樣鬼鬼祟祟？仔細家法！"

多福趕緊轉身跪下。

"奴才不敢。剛才奴才去大內取橘子，見一軍機章京，說有急事要見訥大人。奴才怕掃了萬歲爺的棋興，故不敢直說。"

"甚麼急事？"

"奴才不知。"

皇帝看到眼前的川橘，心中不覺一跳，莫不是金川戰事？他把棋盤一推：

"朕無運，贏不了這盤棋。訥親速去。如是金川戰報，趕緊回稟。"

從瀛台到大內軍機處，不過一二百丈遠近，訥親很快就返回瀛台，交給皇帝一份奏摺。

"皇上，金川戰報。"

皇帝連忙打開，看了沒幾行，眉頭便擰成一團：張廣泗何以這等無能！率五萬官兵還對付不了一個小小的金鑾？但冷靜想想，勝敗乃兵家常事，也不能過分責怪張廣泗。若只能勝不能負，誰還敢領兵出征呢？皇帝把奏摺看過兩三遍後，一個新的決策在腦中形成了：

◆ 清軍營地

　　"訥親，此次金川用兵，雖是對付區區金蠻，但關係重大，不可不慎。張廣泗長年在外，經略軍務，節制將軍，恐有所不周。朕欲調你前往金川經略，另授岳鍾琪總兵銜，與你同行。你三人通力合作，平定金川，剋日可待了。"

　　訥親沒料到皇帝會把這個難題交給自己。他雖身為軍機大臣，卻未曾有過征戰疆場的經歷。他聽到皇帝這一席話，感覺十分突然，不知皇帝是何用意。他只是怔怔地看着皇帝，一時竟說不出話來。

　　皇帝自然是有一番考慮：早在雍正年間，朝廷出兵平定新疆厄魯特蒙古準噶爾部動亂時，岳鍾琪是綏寧將軍，張廣泗是他的副將。岳鍾琪智勇雙全，很會用將用兵，又深得川貴番民信任。後來因罪受劾。出兵金川時，皇帝才命張廣泗總理軍務。誰想張廣泗辜負聖望，無奈只好重新起用岳鍾琪。但張、岳二人的職位已經顛倒，皇帝深恐由此引起他們不和，思來想去，最後決定派軍機大臣訥親前往坐鎮。

皇帝看出了訥親疑慮的心情，為減輕訥親的思想負擔，他便用一種輕鬆、和緩的語調說：

"你身為軍機大臣，卻無疆場經歷，說出去也不好聽。這次命你經略金川軍務，主要是箝制張、岳二人，使他們不致生隙。遇事只要反覆籌劃，身先士卒，就不會出太大的差錯。"

皇帝把話已經說到這種程度，訥親也只有領命赴任了。

三天後，訥親辭別了雙親老少，趕往西安，與在那裏待命的岳鍾琪會合，同赴川西。

訥親為人機敏，很會在達官貴人之間斡旋。他身為軍機大臣，又綜理吏、戶兩部，卻很少得罪人，皇帝也正是看中了他這個特點，才派他去調節張岳二人。但他致命的弱點皇帝卻沒太放在心上。

訥親出身名門，自少年起便侍衛宮禁，一直生活在花團錦簇之中，不僅未受過軍旅之苦，甚至連荒山野嶺都未出入過。這次一下就被派往人迹罕至的西南邊陲，對他來說真如從天堂墜入地獄。在通往小金川美諾寨的山路上，訥親看着周圍陡峭崢嶸的山石，聽着腳下奔騰咆哮的水聲，白皙的臉上不斷滲出汗珠，心中的怒氣一陣陣地衝向腦門：這該死的金酋，害得老子受此折磨！

訥親從一受命，就是一種早立功勛、早返京師的急切心情，入川見如此險惡的地形，這種心情就更為迫切了。到達美諾寨後，他依仗自己是經略大臣，強行作主，分十路出兵。當時岳鍾琪苦苦勸阻，但他僅為總兵，權力太小，不起作用；張廣泗則冷眼旁觀，心中卻希冀訥親出兵失敗，以減輕自己久師無功的罪責。結果官軍兵力薄弱，途中又遇莎羅奔所設陷阱，最後全軍潰敗。

訥親受挫折後，一蹶不振。一連數月按兵不動。皇帝在京久不見報，十分焦急，一連發去三封上諭，要訥親回報戰情。訥親則認為，將在外君命有所不受，不管皇帝怎樣催促，他只是敷衍。

一晃便是來年春天了。立春之前，訥親往京師送去這樣一份奏摺："天時地利皆賊得其長，我兵無機可乘，目前當減兵駐守。今歲增兵計需費數百萬。若俟二三年後有機可乘，亦未可定。"

與此同時，岳鍾琪在私下也向皇帝進了一份奏摺，報告了他隨訥親入川後所見所聞的實情。其中提到訥親的拖延與張廣泗的驕橫和誤中奸計。

訥親與岳鍾琪的摺子送到京中，正是皇后富察氏薨逝，皇帝下令輟朝十天舉國喪之時。

過度的哀思和勞累，幾乎使皇帝病倒，待皇后的喪事辦完，他才拖着虛弱疲憊的身體來到養心殿。皇帝原本只是打算瀏覽一下這十多天積攢下來的公務，卻絕沒有想到有一件觸目驚心的事情在等着他。

皇帝看了來自金川的兩份奏摺，真是吃驚不已。他暗暗叫苦，自責用人不當。

◆ 激戰的清兵和金川番民

訥親的摺子讓他憤怒。他認為訥親這種拖延推諉的態度，無疑是玩忽職守。對金川用兵是皇帝登極以來第一次出兵遠征，為了盡早平息這場動亂，保證通往西藏的道路暢通無阻，他不惜派出要員重兵。可訥親身為孝昭仁皇后戚屬、朝廷重臣、受命總戎，竟如此乖張畏縮，游移兩端。這是皇帝絕不能允許的。

岳鍾琪的摺子叫他震驚。張廣泗征戰多年，竟連兵書上最常提及的詐降都不能辨認。身為統帥，誤中奸計，是不能饒恕的罪行。

皇帝放下手中的摺子，痛苦地閉上雙眼：該怎麼挽回這個局面呢？訥親和張廣泗顯然是不能繼續留在任上了，這場仗也不宜再打下去。朝廷調動兵力十幾萬，耗用國帑數十萬，用了近兩年的時間，遲遲不能取勝，豈不讓番部取笑？再者，川藏連年動亂，哪家商旅還敢從戰地穿行？蒙古諸部一年一度要進藏朝佛熬茶，去年行至京師，聽說川藏鬧事，便紛紛返回。長此以往，勢必影響到蒙古各部的局勢。看來盡早結束戰事，不必定擒金酋，是上上策。

皇帝拿起黑漆描金龍紋毛筆，對着桌上平攤着的紙張又沉思了片刻，歎息了一聲："這是逼朕仿效街亭的諸葛孔明啊！"遂給內閣寫了這樣一條上諭：

乾隆十八年三月二十一日本青者績古制也前因部院大臣及各省督撫屆期循例自陳近於故套且侍朕所深知單其材具隨時黜陟何待三年以降奇傳此其四五品堂官特派王大臣驗看察核錐三品京堂列大僚既不可仰沛自陳薦舉者交部通行考核勢必無所瞰最即俱有察議亦不退掬軍亰例僅就十二字義分別者某緻不全徇情聲興而詞義輕重文開亮籍以高下去手寶水不能確報各員事蹟東公藏寘於訊馴隮明大義何謂馬未下京堂雖非尚善待即可比顧其忠心行事供存朕燭照念李今諮部聞其事實豹鞫寒核逐加詳定清招內如李世倖文你不過慨自嗇南今政更吏部所進各官宇定清招內如李世倖文你不過旅進旅退即姑容延衡數年未始不可但使京席之久居班列有妨後進逆次之階亦非澄敘官方之道李世倖文俸俱著以原品休致餘著照舊供職

欽此

◆ 廷寄

軍機處設立後，諭旨多由軍機大臣草擬，呈御覽後由軍機處直接封交發出，這樣的諭旨稱為廷寄。廷寄所錄大都為要務，一般發給大將軍、欽差大臣、將軍、都統、總督、巡撫等地方軍政大吏。

"金川用兵一事，兩易寒暑，尚無成績。張廣泗既漫無成功，諸事推諉，而訥親復不能躬厲行陣，惟圖安逸。朕御極以來，第一受恩者，無過訥親，其次莫如傅恒。今訥親曠日持久，有忝重寄，朕實為之抱慚。則所為奮身致力者，將屬傅恒是屬。傅恒年方盛壯，且係勛舊世臣，義同休戚。傅恒着署理川陝總督印，即前往軍營，一切機宜，悉心調度。張廣泗嫻熟軍旅，訥親小心謹密，並為練達政事之大臣，方寸一壞，天奪其魄，自逞其私，罔恤國事。今朕明正其罪，以彰國憲。"

# 【四】

上諭送至內閣，滿朝文武人人震驚。大家都預感到了訥、張二人將赴黃泉的可怕前景。一些歷經康、雍兩朝的老臣，對皇帝開始刮目相看：皇上年歲尚輕，卻魄力宏大，今後當差務必小心謹慎，倚老賣老不會有好結果。

肩負重任的傅恒，心中更是忐忑不安。皇上這樣鐵面無私，自己萬一失誤，也難保不蹈訥親的覆轍。此去川西，不克金酋，怕是不能還京了。他向皇帝立下了軍令狀，揮淚辭別妻小，踏上赴川的征途。

就在皇帝考慮盡早結束戰事時，大金川土司莎羅奔也在為這件事大傷腦筋。

當初莎羅奔侵擾鄰部，本在擴充地盤，不料朝廷出兵，使他的如意算盤難得實現。一年多來，倚仗天時地利，官兵難以進展，但官兵糧草充足，自己以弱對強，總不是辦法。因為全力對付官兵，頭年的青稞未能及時播種，結果今年收成不好，

◆ **輔政機關：內閣**

在清代，內閣是輔佐皇帝辦理國家大事的
機構，內閣大堂是內閣官員辦公的地方。

山寨裏議論紛紛，明年若還是這個局面，只怕要引起嘩變呢。
那時可就雞飛蛋打了。但是怎麼收場呢？有心投降，然有良爾
吉詐降先例，又怕朝廷不相信。莎羅奔左右為難，圍着火塘轉
來轉去，拿不定主意。

　　大金川的土司莎羅奔的侄子郎卡，是一個頗有眼光的人。
他早就看出這是一場沒有希望的爭鬥，只盼着土司改變態度，
早點與朝廷和解。但莎羅奔為人殘暴狠毒，他不敢隨便表態。
此時他看出叔父的心理變化，便説：

　　"侄兒聽説官軍裏有個總督姓岳，該不是岳鍾琪將軍吧？"

　　"有這種事？那就比較好辦了。"

　　郎卡見土司果有投降之心，大着膽子説：

　　"叔父，朝廷不斷增兵，看樣子是不獲全勝不會收兵。咱們

寨小人少，總這樣僵持，吃虧的可是咱們呀。”

“是啊，我也正為此事犯愁呢。”

“叔父當年不是曾在岳將軍帳下效過力嗎？岳將軍為人仗義，我替叔父去說說，可能會有和解的希望。”

原來，雍正年間朝廷派岳鍾琪出兵西藏時，莎羅奔曾率土兵接濟過官兵，岳鍾琪為此奏請朝廷，特賜莎羅奔印信、號紙。這件事給莎羅奔留下了深刻的印象，總想有朝一日報答一下岳將軍。

莎羅奔聽郎卡提到此事，搖了搖頭說：“不會吧，官軍主帥不是叫訥親嗎？岳將軍若真來此地，怎麼一點風聲沒聽到呢？”

“這個好辦，只要叔叔派侄兒出使一趟就都清楚了。只是——”

“也好。你去一趟吧，見機行事。”

郎卡的心中卻拿定主意：此次出使，不達到議和目的便不回山。

從大金川土司所在地的葛耳崖寨到官軍主帥駐紮的美諾寨不過二三百里，單槍匹馬的郎卡卻整整走了五天。只因他身負重任，萬一被不明真像的鄰寨土兵或官軍俘獲，就有可能不明不白地死去，只好夜裏趕路。當他來到美諾寨時，朝廷新任命的經略大臣傅恒已經到達三天了。

此時傅恒正在琢磨着剛剛送到的一件上諭，皇帝的態度似乎有明顯的變化，“……昔聖祖仁皇帝三征沙漠，不生擒噶爾丹以耀武，由是仁聲遠播。此次征討已足伸威，兵革不可久頓。”

這一段話無疑表明皇上罷戰的心情愈來愈切，自己若不能及時結束戰事，班師後也無顏面見皇上。可是張廣泗與訥親同金酋對峙已近兩年，倘再發兵進剿，一時怕也難以奏效。硬攻不行，智取也難，若有人前去勸降，早日凱旋才有希望，可這

◆ 習武碉堡

大、小金川地區發生叛亂後，乾隆帝幾度派兵平亂。但因金川所築碉堡堅固，清軍屢攻不下，乾隆帝乃下令在香山腳下建堡壘、設雲梯，令精銳士兵日夜練習攻城技術，終於克敵制勝。

只是一廂情願，金酋的態度尚不知曉。傅恒想到此處，不覺歎了口氣："唉，難哪！"

"大人，金酋派了一個探子下山，說是要見岳大人。"一個軍官進帳報告，打斷了傅恒的思緒。

"此人在哪裏？"傅恒聽了很為興奮，"快快帶進來。"

雙手反剪身後的郎卡被官兵帶到傅恒面前，如此這般向傅恒表述了一番。

傅恒聽完郎卡的陳述，興奮的心情反慢慢平息下來。此人若又如良爾吉一樣詐降呢？

"請岳將軍來議要事。"傅恒沉思了一下，對隨員吩咐道。

郎卡聽到"岳將軍"三字，眼睛突然一亮，雙膝向前移動了一下："岳將軍果然在此嗎？"

"這話甚麼意思？"

"大人有所不知，我叔父最服岳將軍。只要岳將軍出面，叔父斷不會反悔。"

說話間，岳鍾琪也進到傅恒帳中。

傅恒揮了揮手，命人將郎卡帶下，便同岳鍾琪議起應該如何對付眼下發生的這件事來。

"倘若郎卡是來詐降，以誘我軍深入，豈不又中奸計？"傅恒憂心忡忡。

"經略大人放心，只要深入虎穴，便可探知虛實。在下雖老，願肩是命。"岳鍾琪對前景倒比較樂觀。

傅恒沉默不語，反覆權衡這樣做的利弊，許久才下了決心。他走到岳鍾琪面前，雙手將岳鍾琪從座位上扶起，充滿感情地説：“那就只有請將軍費心了。將軍長年督理邊陲，素為番夷所服，將軍出馬，定會旗開得勝。”

岳鍾琪胸有成竹地答道：“既然大人信任鍾琪，就請等着好消息吧。”説完便轉身離帳。

第二天一早，岳鍾琪僅率十三名親兵，攜同郎卡，騎馬向葛耳崖馳去。

岳鍾琪走後，傅恒的心便懸到了半空。他如坐針氈，焦躁不安：萬一此招失誤，拿不下金川，又讓封疆大吏死於非命，自己的命運，與訥親、張廣泗就殊途同歸了。

傅恒茶飯不思地熬了四天，他想：一連四日都無動靜，明日若還無消息，只有率重兵出擊了。自己親征，拚上一陣，將來也好向皇上交待。

誰想天下柳暗花明的事亦有不少。第二天一早，熬了一夜的傅恒正欲朦朧睡去，一名親兵進來報告：

“大人，岳大人回來了！聽説捉住了金酋首領。”

傅恒一個鯉魚打挺從榻上躍起，急步奔出帳外。

果然，有一支幾十人的隊伍正沿山路向山寨奔來，為首的便是岳鍾琪。大金川土司莎羅奔緊緊跟在他的後面。原來岳鍾琪離寨後一路順風，抵達葛爾崖後，與莎羅奔一談即成，僅住一晚，就攜莎羅奔星夜趕回美諾寨。

這隊人馬很快就來到寨門。傅恒舉着一個酒杯迎上前：“將軍辛苦，傅恒為將軍洗塵接風。”

岳鍾琪翻身下馬，接過酒杯，一飲而盡。他指着身後一個黝黑高大的老漢説：“這就是莎羅奔。”

前來投降的莎羅奔連忙從懷裏取出一尊金佛和一卷佛經，雙手舉過頭頂，跪在傅恒面前。

"經略大人在上，莎羅奔罪該萬死，望大人寬恕。"説着，將佛像獻至傅恒前。

傅恒不解地看了岳鍾琪一眼。莎羅奔見狀，又説：

"大人如現世達賴喇嘛。請受莎羅奔一獻。"

傅恒向後退了一步，厲聲正色説道："你本是接受朝廷印信之人，理應恪守紀法，依你近年興仇鬧事之行，本應受到朝廷重懲。皇上念你身居邊陲，不明禮法，才未將金川蕩為平地。"

莎羅奔趕緊説："莎羅奔此次隨岳將軍來見大人，就是向朝廷表示，今後我一定改邪歸正，遵紀守法。"説着，又從懷中摸出一卷紙遞給傅恒：

"經略大人，這是我，金川土司向皇上立的誓言。自即日起，歸還所掠鄰寨土地，交納軍械，供交徭役，做安分守己的良民。"

傅恒聽後，點點頭，説："朝廷赦你死罪，不過良爾吉和阿扣卻是不能

◆ 乾隆親迎凱旋將士

大、小金川叛亂平定後，乾隆帝親自到京郊迎接班師回朝的將士。圖中描繪的就是乾隆帝在良鄉建台搭帳，親自出迎的場面。

饒恕。來人！把良爾吉和阿扣的首級拿下。」

莎羅奔一聽此話，臉色陡然變得慘白。他張了張嘴，剛要説話，卻迎上傅恒掃過來的犀利目光，便把湧到舌尖的話咽回去，站起身來，垂頭喪氣地隨傅恒走進美諾寨。

傅恒平定金川即將凱旋回京的消息，很快就傳到皇宮。皇帝十分高興，一面派人向皇太后報喜，一面傳諭禮部作準備，他要仿效康熙年間聖祖皇帝親迎征師於盧溝橋的作法，到良鄉去迎接凱旋的將士。

兩個月後，傅恒班師回朝。隊伍行至良鄉，只見良鄉鎮正中安設起供皇帝升座的黃幄帳，兩翼還各設了八座青幕帳。黃

幄南面，築有一座黃土高台，台上矗立着兩杆高大的旗杆，兩面繡有龍紋的黃纛旗迎着秋風獵獵作響。這個場面傅恒雖然從未見過，但從老輩人講述的凱旋禮情形看，皇帝大概也要在這裏舉行這一盛典了。還沒等傅恒作出是否該繼續前進的判斷，一匹快馬便飛馳面前：皇帝的上諭到了，命他們就地駐紮，等候召見。

　　第二天一早，皇帝率文武官員來到良鄉。良鄉鎮上，鼓樂大奏，禮炮齊鳴。皇帝登上高台，親自為傅恒和岳鍾琪斟上了洗塵酒，贈給傅恒四團龍補服，加封岳鍾琪為三等威信公。傅恒憑藉着時機和條件，毫不費力地得到了朝廷的最高獎賞。

　　就在傅恒與岳鍾琪在京中痛飲勝利的瓊漿時，乾清門侍衛鄂實帶着皇帝的親筆密諭，來到陝西漢中，向被扣壓在途中的訥親和張廣泗宣讀了令他二人自裁的命令。

　　訥親最初還存有一絲僥倖，期望回京後利用家族的力量改變皇帝的決心，但自被扣在漢中之後，就明白皇帝不會收回成命了。他在恐懼、憂傷、後悔、羞愧的心情下度過了最後的日子。鄂實向他宣讀自裁的上諭後，他戰戰兢兢地接過了皇帝送來的象徵他祖父戰功的寶刀——遏必隆刀，雙眼緊閉向頸上一抹，到陰曹覆命去了。

## 內 向 心 部 番
## 國 故 歸 里 萬

（伍）

### 【一】

乾隆三十五年（1770）秋天，皇帝像往年一樣，率領大批扈從人員離京前往塞北木蘭圍場舉行秋獮大典。在皇帝本人，在中原大地，這年秋天與以往毫無二致。但在遠離中國的俄國伏爾加草原上，卻在醞釀着一件驚天動地之事。

這年夏天好像格外地長。時令已經進入初秋了，草原上的各式野花仍一茬接一茬地爭奇鬥艷，競相開放。牧草豐茂，對牧民來說本應是件喜事。秋天多打些羊草，到了朔風凜冽的嚴冬，即使發生大雪災，也不至提心吊膽，怕牛羊捱不到春天。可是生活在伏爾加河畔的土爾扈特蒙古牧民，卻一個個憂心忡忡，愁眉不展。一個比大雪災更可怕的災難降臨到他們頭上。他們聽說，葉卡特琳娜女皇準備把十六歲以上的土爾扈特少年全部送往土耳其戰場。

兩年前，俄國發動了入侵土耳其戰爭，女皇曾下令從土部徵集十萬士兵，幾乎每個土爾扈特人家中，都有一兩個青年被送往戰場。放牧狩獵的重擔，全部落到婦孺的肩上。若再大批徵兵，就要把土爾扈特人送往絕路了。

生活在伏爾加河畔的土爾扈特牧人，本不是俄國的臣民。明崇禎初年，他們由中國新疆遷徙至此。一百多年來，土爾扈特人在伏爾加河兩岸開闢牧場，放牧牛羊，又向俄國朝廷進奉賦稅，對俄羅斯帝國的貢獻不能算小。可是，因為土爾扈特人屬蒙古民族，信仰喇嘛教，便深為沙皇所惡。沙皇一直企圖制服或消滅這個從異國遷來的不馴服的部落。把大批土爾扈特青年驅趕到戰場上，是女皇一舉兩得之計：既能為俄國部隊補充兵力，又可借戰爭殺死這些懷揣佛像的異族人。頭年秋天，土部可汗渥巴錫為了贏得女皇的信任，也為了保護自己的臣民，親自率領被徵入伍的土部兵士，開赴土耳其前線。在戰場上，土爾扈特士兵全部被派往第一線。槍炮的無情、氣候的不適，使出征的土部士兵，十之八九喪生。渥巴錫十分悲憤，他已看出，俄土交戰是一場毫無希望的戰爭。他不能把他帶來的全部人馬都葬送在戰場上。於是，在一個大雨滂沱的夜晚，渥巴錫率殘存的二萬多土爾扈特兵士，避開俄軍的哨卡，返回土爾扈特人集居的伏爾加河畔。

自徵兵的消息在土爾扈特部落傳開以來，每天都有一羣羣的人聚集在渥巴錫的可汗宮殿附近。善良的土爾扈特人儘管知道他們的可汗還在數千里外征戰，卻仍然覺得，只要可汗的宮殿在，他的威力就可以保護他們這些手無寸鐵的百姓。

被土爾扈特人稱作"可汗宮殿"的，其實只是十幾座圓木築成的房子，以別於牧民那種氈、皮造的帳篷罷了。宮殿的四周，是一根根高大的木樁連成的圍牆。渥巴錫從前方回到這裏時，遠遠就看見圍牆外邊擠滿了黑壓壓的人。

"鄉親們快看，那是不是可汗回來了？"一個眼尖的姑娘指着草原上疾馳而來的一隊人馬，大聲喊着。

"是可汗！是可汗回來了！佛爺啊，保祐我們吧！"當老人和孩子們看清為首的一匹白馬座騎上，是一位頭戴金盔、身着綠袍的青年時，便一齊撲倒在地，向馬隊磕起頭來。

那正是土爾扈特部的可汗渥巴錫。

◆ 大草原

遊牧民族逐水草而居，廣袤的大草原既是他們休養生息的生活環境，也是其賴以生存的物資基礎。

　　他二十六七歲年紀，體魄魁梧剽悍，一張棱角分明的古銅色臉上，嵌着兩隻犀利的鷹眼，使他顯得格外剛毅，富有風采。他在半路上就聽説了女皇又要徵兵的消息，失望、憤怒的情緒吞噬着這位年輕部落首領的心：難道這遼闊的草原真容不下我們土爾扈特人了？難道佛爺真要把我召回到太陽昇起的地方？他擔心徵兵令在部落中引起動亂，所以原來還要走五天的路程，僅用了兩天多，便提前趕回了駐地。

　　宮殿門前，匍匐在地朝可汗叩頭的人們自動閃開一條通道。渥巴錫騎在馬上，接過兩位老人用頭巾做成的哈達，一言未發，直入大門。

　　聽到可汗歸來的消息，渥巴錫的福晉和奴僕急忙備好洗浴湯和馬奶酒，準備為可汗接風洗塵。

　　迎門的一座木殿，是渥巴錫平時與各部落首領議事的地方。裏面鋪着掛着各式獸皮。每當渥巴錫召集札爾固（可汗下屬由八名王公組成的一個議事機構）議事會時，八位王公均席地而坐，而西牆下那張鋪有熊皮的長榻，便成了可汗的御座。

　　渥巴錫拖着疲憊的身子，走過鬆軟的獸皮，重重地栽倒在長榻上，慌得福晉們趕緊上前攙扶。他煩躁地推開身邊的一個小福晉，想想不妥，遂又略帶歉意地讓她給自己端上馬奶酒。

　　一樽奶酒下肚，渥巴錫的精力和情緒似乎都有所好轉。他翹起一隻腳，一邊讓奴僕給自己脱去馬靴，一邊吩咐身邊的近臣：

　　"努爾都，把我出征十個月女皇發下的諭旨全部送到這裏來。哈那，速去傳命札爾固各王公，明天一早我要在此議事，讓他們務必不要耽擱。"

周圍的人都被打發走後，渥巴錫把他的近支侄子策伯克多爾濟召到身邊，開始向他詳細了解一年來土爾扈特部發生的情況。

　　策伯克多爾濟是一個與渥巴錫年齡相仿的青年。不但武藝高強，而且思維敏捷，辦事果斷、幹練，更重要的，是對可汗十分忠誠，因此，深得渥巴錫的賞識。渥巴錫率軍出征土耳其時，把土爾扈特部大小事務一併委託給他。策伯克多爾濟在代可汗行使權力的十個月中。因為少不了同俄國駐土部特使打交道，逐漸覺出，女皇不斷在土部徵兵，又派出大批傳教士，強行給土爾扈特人洗禮，讓他們掛起十字架，最終目的，是要滅絕他們這個種族。策伯克多爾濟的心情憂憤交集：萬一可汗戰死疆場，部落裏僅剩些婦孺老弱，女皇的目的很容易就會達到。那樣自己該如何向全部落的父老鄉親交待呢！好在可汗及時回來了。策伯克多爾濟待侍從退下，便迫不及待地把自己憂慮已久的事情全都端給可汗。

　　渥巴錫聽了策伯克多爾濟的陳述，一言不語。他默默地站起身來，走到一個巨大的木箱前，從裏邊拿出一方白玉印璽，翻來覆去地看起來。

　　策伯克多爾濟很奇怪可汗的舉動。他也站起身來，湊到渥巴錫身邊，不解地問："可汗，這是個甚麼東西？"

　　"這是一百多年前明朝大皇帝給先王的封印。"

　　"可汗說的，就是住在遙遠的東方的大皇帝嗎？"

　　"是的，不過現在已經換成和我們同樣相信佛爺的大清皇帝了。"

慰問土爾扈特部那段歷史。當時土爾扈特部的可汗是渥巴錫的曾祖阿玉奇。圖理琛一行衝破沙皇重重阻力，歷盡千辛萬苦，走了一年多才到達可汗駐地馬奴托海。阿玉奇十分感動，特命侍從設下簇新的帳篷，備上豐厚的宴席，盛情款待遠方來客。待草原返青，還命喇嘛做法事，為大皇帝祝福請安。圖理琛等返國時，阿玉奇又請特使攜帶大量貢品，向大皇帝表示土爾扈特人嚮往東方的心情。圖理琛出色地完成了出使土爾扈特部的使命，返國後受到聖祖皇帝的獎賞。他本人也很興奮，把自己這行程數萬里的傳奇般的經歷記載成書，名之《異域錄》。是書成了後人了解清初中俄兩國交往及俄國風俗的一本必讀書。此是後話。

　　吹扎布是渥巴錫的父親敦羅布拉什為土爾扈特可汗時派往中國朝覲皇帝的使臣。吹扎布一行繞道俄羅斯，走了整整三年，於乾隆二十一年（1756）進入中國國境。對這樣不遠萬里前來朝覲的使臣，皇帝是不會怠慢的。他特在熱河行宮召見吹扎布一行人，並派人送他們去西藏禮佛。吹扎布返回土爾扈特後，向可汗敦羅布拉什做了詳細的匯報。當時渥巴錫還小，對這些都不太留心。但父王對中國大皇帝仁慈之心的稱讚，卻給他留下深刻的印象。在他要做出舉部返國這一重大決策前，他想起了吹扎布。

　　草原上的這個夜晚，是自女皇發佈徵兵令以來最平靜的一個夜晚。千家萬戶的牧人，因為他們所信賴的可汗及時歸來，都放心地入睡了。草原上萬籟寂靜，除了偶爾傳來幾聲犬吠，從可汗宮裏透出幾絲燈光外，茫茫的草原似乎全都進入了夢鄉。

可汗渥巴錫卻十分清醒。儘管連續十幾天馬不停蹄地趕路，他已疲憊不堪，但回到部落後卻一絲睡意都沒有。土爾扈特正處於生死關頭，不把情況摸清楚，渥巴錫的心緒就難以平靜。

木殿裏，渥巴錫與策伯克多爾濟、阿布吐和吹扎布的談話，已經進行了兩、三個時辰了。阿布吐與吹扎布一邊"呼嚕呼嚕"地抽着水煙，一邊向年輕的可汗追述當年他們與大清帝國的交往。吹扎布的説話，特別引起渥巴錫的重視。

"當時我特別向大皇帝説明了咱們土爾扈特人與女皇的關係。我説，我們土爾扈特部只是因為要在伏爾加河草原上放牧，才附屬女皇，並非歸降。如果沒有大皇帝的命令，土爾扈特人是決不肯自動為人臣僕的。"

渥巴錫聽到此處，不禁含笑點頭。他暗想，這個吹扎布會辦事，這樣的説話，會給土爾扈特部留下一條退路。

"大皇帝甚麼態度？"他問。

"大皇帝始終都表示，凡是佛爺保祐的人，大皇帝都視為自己的臣民，都要保祐他們。"

"那一年大皇帝有多大歲數？"

"四十六歲。我們到達行宮時，趕上大皇帝的萬壽節。"

"嗯，那麼今年大皇帝就是六十歲的老人了。"

大家對可汗的話感到有些茫然不解。當年四十六歲，過了十四年，自然六十歲了。這個賬還用算嗎？

渥巴錫看出大家的疑問，便解釋道："一個人在壯年時是最有眼光，最有力量的。這時尚有仁慈寬厚之心，到了暮年就更能容人。大皇帝在十幾年前就對我部表示體卹之情，如今我們準備返國，是不會遭到拒絕的。這是我們能否返國最要緊的事啊！"

　　大家聽了，會意地點點頭，彼此還交換了一下眼神。那神色表明：到底是可汗英明！別看他年青，智謀卻比老人還多！

　　渥巴錫君臣四人越談看法越一致，越具體，不知不覺，大半夜已經過去。渥巴錫從長榻上站起身來，往窗外看了看，只見暗藍色蒼穹上懸掛的三星，快歪到西天邊了。他轉過身，打了個哈欠，說道："天不早了，你們就在這兒歇一陣吧。明天一早，我安排了札爾固議事會，你們都聽聽。"

◆ 蒙古包

土爾扈特人生活習俗與蒙古族相同，信仰喇嘛教，住所也是傳統的蒙古族氈帳，易於遷移。圖中反映的就是典型蒙古包的形制。

對於這個札爾固議事會，渥巴錫最初並不抱甚麼希望。他只是想利用這個形式，一方面與大家見見面，一方面了解一下頭人們的看法，以便決定自己下一步何去何從。

　　然而，這次札爾固會議上的意見卻出人意料地統一。各王公都主張應盡早遷回中國，不能把土爾扈特人全葬送在女皇手裏。王公們的態度，堅定了渥巴錫率部返國的決心。他有意激大家：“當年，不就是因為這裏的水源充足，牧草豐茂，祖先才從萬里以外遷移此地嗎？如今要丟下這樣好的牧場，各部的牛羊可難免要遭殃啊！”

　　“可汗，弱鷹抓不住兔子，病狗敵不過餓狼。牛羊再肥，也吃不到自己嘴裏！自女皇下達徵兵令以來，我們盼望的就是你早日回來帶領我們離開這罪惡的地方！”一位身材矮小精悍，名叫舍棱的王公站起來激動地説。

　　渥巴錫點點頭：“説得好！牛羊是人放養的。可是女皇卻不讓我們這些人生存，那麼牛羊對我們還有甚麼用處？！我們只有回到能讓我們生存的地方去！舉部遷返這件事太重了。詳細的辦法以後再專門召開札爾固會商量。你們今天回去後一要嘴嚴，不能透露絲毫風聲，二要摸清自己屬下百姓、牛羊、牧草的情況，為遷移做準備。”

　　土爾扈特人舉部返國的準備，從渥巴錫召開過那次札爾固會議後就開始悄悄地進行了。他派出幾十名騎士組成一支小分隊。他們用了兩個多月的時間，把返國的路線實地進行了一番考察，記錄了沿途草原、河流、山巒、水源的情況。渥巴錫根據他們的報告推測，身強力壯的騎士前往中俄邊境，用兩個多月打了個來回，那麼全部落的男女老幼，趕上牛羊一起出動，越過邊境至少也要用三四個月。若是臘月底起程。如果順利，來年入夏前就能越過哈薩克丘陵。錯開盛夏，牛羊可以避免很多災難。返回故國，牛羊仍是牧人的命根啊！

想想再過兩個月，自己的臣民就要從這伏爾加草原舉部遷走。一種惜別悵惘之情，不覺襲上渥巴錫的心頭。人非草木，豈能無情？土爾扈特人在這片草原上，生息繁衍了一百多年，他渥巴錫本人，就是喝伏爾加河水長大的！想到這裏，渥巴錫準備把返國的日子定在正月初三：讓大家在這裏最後再過上一個新年吧。

但是策伯克多爾濟卻不同意。他對可汗說："夜長夢多。我們十來萬人舉部返國，這個秘密是保不住的。一旦女皇知道，難保不出甚麼亂子。依臣的看法，返國的準備宜快不宜慢，返國的日子宜早不宜晚。"

渥巴錫覺得策伯克多爾濟說得在理，便努力平息湧上心間的留戀情緒，道："也好。你去傳命各部抓緊準備，只要河一上凍，河對岸那一萬多戶人家就可以與大隊會齊，咱們便可啟程。"

但是，這一年卻暖得出奇：夏天已經拖到了九月，而秋天比夏天似乎還要長。轉眼進入臘月了，伏爾加河中的浪花，還在追逐嬉戲地向南翻滾。渥巴錫心急如焚，每天都要往河邊跑一趟。那令人望眼欲穿的冰排，為甚麼還不從上游漂流下來呢？河面再不結冰，對岸居住着的一萬多戶人家，就難以和大隊人馬一齊返國了。渥巴錫左右為難，既擔心返國的整個計劃落空，又不忍捨棄對岸的同胞。他左右權衡，最後下了決心，不能因小失大，提前返國！

返國的日子是在臘月初十。

初十凌晨，當蒼穹還像一頂巨大的黑幕籠罩着大地時，伏爾加草原上已經傳來牛鳴馬叫，間或也能聽到大人的吆喝和娃娃們稚嫩的喊叫。這些聲音，像一曲悲壯的奏鳴曲，劃破了草原的沉寂。渥巴錫站在木殿外的高台上，默默地注視着遠方，考慮着馬上就要行動的計劃中還有哪些不妥：善後的事情已交待給各部王公，昨天自己又向各部派出一萬親兵，一旦雜居在部落中的俄國人要阻攔或抵抗，問題也不會太大。怕的就是路上遇到追兵或阻截。自己的將士個個英勇，跟俄軍交戰不會怯陣，但隊伍中的老人和孩子就要遭殃了。為了返國，前面就是有刀山火海，也得去闖啊！

東方天際上，已經現出魚肚白，黑色的天幕不知何時也已經換成湖藍色。啟明星向渥巴錫頑皮地眨了眨眼睛，便倏地消失在地平線下了。天開始變亮，新的一天來到了！透過晨曦，渥巴錫看見遠處草原上一隊隊的人馬，一羣羣的牛羊在木殿前移動。他知道，返國一舉，已經開始了。這是牧民按照他的要求，行前都向木殿集中。他要向牧民作最後的鼓動。

轉眼之間，天就大亮了。一輪殷紅的朝陽，輕快地跳出地平線，一躍升入天空，給大地鍍上一層金光。木殿前面，已經集中了黑壓壓的一大片人；各部人馬，按事先確定的方案，排好了自己的隊伍，等着可汗發話。渥巴錫抬眼看看前面的人羣，在朝陽的暉映下，個個臉上放着金光，像銅鑄鐵打，無比堅硬；他又回頭看看自己從小生活的木殿，殿堂變成了一座金殿，燦爛輝煌。這樣美的地方，這樣勇敢的牧人，女皇卻不讓我們生活下去。渥巴錫清了一下嗓子，放開喉嚨，大聲說：

"我的雄鷹！我的駿馬！看見大地上的金光了嗎？那是佛爺讓太陽從東方給我們送來的。是佛爺呼喚我們回到太陽升起的地方！我們土爾扈特人在這伏爾加草原上生活了一百多年，女皇從我們這裏趕走的牛羊，連起來比這伏爾加河還要長！他們穿着我們的羊皮製成的袍子，飲着我們的奶牛擠出的牛奶，還要我們去替他們送死打仗！我們土爾扈特人哪一家沒有陣亡的將士！女皇連我這個可汗也不放過。前些日子她又給我下達命令，要我再次領兵出征，還命我把王子巴特爾送到莫斯科當人質。我對女皇的使臣說，這樣的事情不必來跟我講，去向草原上的雄鷹說就行了。我的雄鷹，你們說吧！"

"我們不答應！"

"我們不為女皇送命！"

"我們不給女皇當奴隸！"

牧民們的回答，此起彼伏，波浪般地滾過草原。

渥巴錫見聲音漸小，舉起手中的馬鞭，在空中一揮，繼續說："說得對！我們不當奴隸！我們是佛爺的弟子，要到佛爺能保祐我們的地方去。從今天起，這伏爾加草原，對我們土爾扈特人來說，就永遠不再存在了！莫克，取火來！"渥巴錫轉身吩咐身邊的侍從。

那個名叫莫克的侍從，很快就取來一捆熊熊燃燒着的木柴。渥巴錫接到手中，走下高台，徑直走到木殿前，停立片刻，用力一甩，將火把拋到木殿的頂子上。殿頂上覆蓋着的，是用茅草編成的厚厚的草苫子。茅草一接觸火把，"呼"地一下，就竄出沖天大火。火勢很快就向殿堂各處蔓延，不一會兒，房子的樑柁就開始落架了。

渥巴錫眼看着他生活了二十六年的殿堂成了一座火山，才

### ◆ 《塞宴四事圖》中的蒙古騎士

土爾扈特人原屬蒙古民族，以畜牧為生，鞍馬嫻熟。《塞宴四事圖》中的蒙古騎士生動地反映了北方民族長於騎射的遊牧習俗。

翻身上馬，踏上征程。成千上萬的人馬，跟在他們的可汗後面，向東進發了。

這一天，翻開了土爾扈特人歷史新的一頁。

# 【二】

轉眼到了第二年夏天。這是六月裏的一個傍晚，太陽已經快沉到西山背後了，可是宮中乾清門寬敞平整的青磚廣場，由於被驕陽烤了一天，竟像爐台一般燙。它散出的熱氣，比白天還要灼人。在乾清門東側一排黃瓦覆頂的低矮房子中，幾個汗流浹背的人正伏案翻各地送來的奏摺。這是奏事處的官員，在處理公務。眼看一年一度的秋獮大典又要開始，他們必須盡快將各地報上的重大事情清理成案，以使皇帝在離京前對各地大事心中有數，作出安排。

年過半百又大腹便便的奏事官塔敏，一邊用力地搧着一把杭絹摺扇，一邊自言自語地發着牢騷：“都説奏事官位高俸厚，可有誰知道咱們三伏天還要在這裏挨蒸啊！”

坐在塔敏對面的，是黑瘦矮小的漢官林成泰。他在復檢塔敏看過的奏摺。這些摺子已被按內容重要與否分成兩摞。林成泰對着一份摺子看了一會兒，皺起了眉頭，隨即打斷塔敏的牢

◆ **普陀宗乘之廟**

避暑山莊外八廟中最大的一座喇嘛廟。乾隆三十五年（1770）為乾隆帝六十壽辰，次年為崇慶太后八十壽辰，內外蒙古、新疆、青海諸部來賀者多信喇嘛教，特建廟以供瞻仰。落成時適逢土爾扈特部來歸，在寺內萬法歸一殿為之誦經。

騷：“塔兄，你老別光只顧搧風，手下也需要留點情啊！”

“怎麼，有甚麼不妥嗎？”塔敏抬眼看了林成泰一眼。

“這樣重要的事情你塔兄竟沒看出來？”林成泰拿着從無關緊要的那摞摺子中挑出的一份問塔敏。

“甚麼大事？”塔敏不以為然。整整一下午，他確實沒看到哪份摺子中提到甚麼大事。

“這伊犁將軍提到的土爾扈特蒙古自俄羅斯遠道歸順之事，難道還是小事？”

“新疆的厄魯特蒙古平定已有數年，這土爾扈特部歸順只是錦上添花，絕不會興起風波。‘大事’從何談起？”塔敏並不服氣。

“甚麼大事小事？”隨着一聲問話，一個面目白淨，身材頎

　　對大臣來說，皇上御門聽政，必有重大事宜。特別是眼看就要離京秋獮了。若無緣故，怕是不會在這時把大家都召到宮裏的。

　　乾清門東側的九卿朝房前，聚集着幾十名前來上朝的王公大臣。清晨的涼風，驅散了頭天太陽撒下的暑氣，讓人們覺得十分清爽。大家很長時間沒有到乾清門前聚會了，見了面不免有些興奮。寒暄過後，有些人便開始悄聲交談起來。

　　"當今國泰民安，海內太平，會有甚麼大事呢？"

　　"難道只有出兵平亂才為大事？皇上要懲處哪位要員也保不定，你難道不記得金川之役後訥親、張廣泗二人的下場了？"

　　兩位年輕的二品文官在悄聲地拌嘴。

　　"不要亂猜了。再過一刻，皇上御門就全見分曉。"一位胸前飄髯的老者插了一句嘴。

　　御前大臣色布騰巴勒珠爾也在人羣之中。他雖沒有加入議論，心中卻也在分析着皇上這次舉行御門聽政的目的。他希望前天奏事處遞上的伊犁將軍的那份摺子能引起皇上的注意。

　　"哐啷"一聲，乾清門打開了。一直候在軍機處門前的乾清門侍衛和起居注官員，按照規定站到了御座兩側。九卿房前的大臣們知道時候到了，便自覺地依各自品級秩序排好隊，也來到乾清門前。不一會兒功夫，皇帝身着明黃色納紗龍袍，頭戴涼帽，在內官的扶侍下，走出乾清門，登上門前那把金漆雕龍寶座。御門聽政便開始了。

　　按照常規，大臣奏事少不了一套繁文縟節，但這次皇帝卻一切從簡。他開門見山地說："昨天見到伊勒圖的摺子，所述土爾扈特自俄羅斯歸順一事，很有意思。朕想聽聽諸卿的意見。"

說着，他示意理藩院尚書噶根宣讀伊勒圖的奏摺。

乾清門內外一片沉寂。大臣們都在認真傾聽，迅速思索、判斷，生怕過會兒皇帝點到自己名下，到時說不出個子丑寅卯。

半晌無人說話。

這件事的確頗為棘手。按說遠人歸順，應是好事，但萬一裏面有詐呢？大臣們只是此時聽了伊犁將軍一個摺子，其他情況一概不曉，何以提出自己的看法？

皇帝似乎看出了大臣們的心思。他正準備解釋一下，卻見一

◆ 御門聽政：乾清門

乾清門是內廷的正門，是皇帝御門聽政的地方。

名大臣從隊列中走出，跪到專為大臣奏事而設的跪墊上。

"皇上，奴才以為此中必定有詐。"

皇帝認出，奏事之人叫塞勒，是一名八旗都統。

"何以有詐？"皇帝頗感興趣。

"那個要跟渥巴錫一起歸順的舍棱不可信。十三年前天朝派兵進勦準噶爾，我軍原已獲勝，但就因舍棱詐降，副都統唐喀

禄才被殺於布古什河。舍棱為躲避大軍追捕逃往俄羅斯。此時
回頭稱臣，難以令人信服。"

　　塞勒提的，是乾隆二十三年（1758），朝廷派兵平定新疆

### ◆ 平定準噶爾

清初，厄魯特蒙古的準噶爾部在俄國的支持下，發動叛亂，侵擾
漠北及西北地區。從康熙二十九年（1690）起，至乾隆二十三年
（1758），清政府先後平定了準噶爾部噶爾丹、阿睦爾撒納等人
的叛亂，鞏固了清政府對西北邊疆地區的統治。

厄魯特蒙古輝特部首領阿睦爾撒納叛亂時發生的一件事。舍棱本屬土爾扈特部，渥巴錫的先人當初西走伏爾加草原時，舍棱的祖先沒有同往，留在了伊犁河邊，與輝特部合為一體。十幾年前，阿睦爾撒納為爭奪輝特部汗位，發動叛亂，舍棱也積極參與。阿睦爾撒納戰敗後逃到俄羅斯，舍棱則被清兵追至布古什河源。他走投無路，向八旗副都統唐喀祿表示要率部投降，並請唐喀祿到營中赴宴。唐喀祿認為舍棱已是網中之魚，掙扎不了幾下，何況又是主動提出投降。他放心地帶了幾名親兵去赴宴，誰想中了奸計，成為舍棱的刀下鬼。舍棱殺了唐喀祿，也逃到俄羅斯，後來併入到伏爾加草原的土爾扈特部中。

"皇上，奴才也以為其中有詐。"理藩院的一名官員錫保附和塞勒。"當初皇上下諭理藩院照會俄羅斯國，要求他們引渡舍棱，是奴才經辦的。俄羅斯國不但不予以協助，反為舍棱辯護。奴才以為，一個被他國收容的逃犯，平白無故，是不會回頭的。"

塞勒和錫保的話，似一石激起千層浪。乾清門內外立時熱鬧起來了。大臣們在皇帝鼓勵的目光下各抒己見，皇帝認真地聽着大臣們的意見。這些意見雖然稍有差異，但中心仍是土部歸來恐為詐降，對厄魯特蒙古的安定是個威脅。

錫保見大家支持自己的意見，便進一步說："舍棱從前是我國逃犯，現在又為俄羅斯的叛民，如果流入我境，只怕會在兩國邊境惹起事端。"

皇帝聽了，不覺點點頭。他起初對土爾扈特歸順的一些想法，在羣臣的分析下，有些動搖了。

"皇上！奴才以為此次土爾扈特部萬里歸來，是誠心向化，絕非詐降！"隨着鏗鏘有力的話音，皇帝認出跪在他面前的，是七年前派往新疆烏什的都統參贊大臣舒赫德。前不久因老父亡故，他回京奔喪。這次御門聽政主要是商議新疆各蒙古部隊之事，所以皇帝特囑咐八旗都統衙門不要漏掉舒赫德。這位久居邊陲的官員，或許比京中大員看得要清晰一些。

"你細細說說。"皇帝鼓勵舒赫德。

"奴才以為，土爾扈特人若是詐降，目的無非是與厄魯特四部爭奪人畜和草場。渥巴錫此次攜部歸來，沿途要翻嶺渡河，穿越瀚海，萬里迢迢，傷亡不會是少數。歸來後以一疲憊弱小之部與厄魯特強大四部抗衡衝突，意義何在？此其一。土爾扈特人有十數萬，而負罪我朝者僅舍棱一人。以一人之力，蒙蔽渥巴錫一人猶可，蒙蔽十數萬人難以做到。此其二。我大清帝國是大國，俄羅斯亦是大國，土爾扈特既已背棄俄國歸來，又欲在我邊陲騷擾，豈不進退維谷，無立足之地了嗎？此其三。據此三點，奴才以為此次土爾扈特歸來，是歸順天朝，誠心向化。"

舒赫德有理有據的分析，排除了皇帝一度產生的猶豫情緒。他問眾臣："誰還有話？都在這裏說盡！"

色布騰巴勒珠爾高聲道："奴才的看法與舒赫德同！願往伊犁為朝廷安插土爾扈特效力！"

皇帝臉上顯出些許笑意。他平靜地說："舒赫德從烏什來，還頗有見地。但塞勒、錫保也非多慮。古人云：受降如受敵。只有反覆籌劃，謹慎處之，方能辦理妥貼。厄魯特蒙古四部，自明朝起就爭鬥不斷，至使新疆、青海各部百姓不得安

◆ **蒙古王公貴族**

乾隆十九年（1754），厄魯特蒙古杜爾伯特部歸順清政府，乾隆帝在避暑山莊萬樹園設宴招待歸順的蒙古王公貴族，並敕命創作《萬樹園賜宴圖》。圖中是杜爾伯特部首領在滿漢官員的帶領下跪迎乾隆帝。

寧。從聖祖皇帝起，朝廷多次出兵平叛，到本朝二十二年，蒙古各部動亂終得平息。內外蒙古，除遠居俄羅斯的土爾扈特部外，均已向化歸誠我朝。新疆百姓安居樂業，軍中兵強馬壯。即使舍棱尋釁鬧事，也難興起風浪。得人心者得天下，古往今來，從來如此。此次土爾扈特人歸來，則蒙古各部，俱為我大清國之臣民。這是聖祖、世宗孜孜以求之事。朕以為是不能拒絕的。若將十萬人畜攆回俄羅斯，他們少糧缺衣，反倒真會在邊境滋事。"

　　皇帝說到這兒，掃了一眼諸臣，將目光停在色布騰巴勒珠爾臉上，說道："土部人口眾多，又跋涉萬里之遙，定是人勞畜疲，困難重重。伊勒圖一人辦理土部歸誠之事，會有諸多不便。固倫額駙色布騰巴勒珠爾適才提出，願往新疆探視虛實，是視天朝之事為己事。欽差伊犁，協助伊犁將軍辦理土爾扈特歸誠之重任，就交給你了。你到伊犁後，務必曉諭渥巴錫，他是阿玉奇汗之嗣，並無干犯大皇帝之處。他們俱係額魯特人，乃因與俄羅斯風俗不同，不能安居；又聞伊犁厄魯特受大皇帝重恩，才攜妻帶子，遠來投誠。此行甚屬可憫。大皇帝對逃人舍棱尚可施恩免罪，對其渥巴錫無罪之人，自必更沛殊恩。如此曉示，渥巴錫若盡行投誠，則勿庸再議，倘舍棱稍存異心，你可乘機設間，使渥巴錫與之離異。舍棱屬員不多，動兵懲處，並不費力。如渥、舍二人均無誠意，再酌量整兵重懲，為時亦不算晚。」

皇帝開始發號施令了。

「奴才願為皇上效盡全力！」色布騰巴勒珠爾勒跪在墊子上，高聲回答。

「現任伊犁將軍伊勒圖對土部歸誠一事態度推諉，恐難繼續勝任。舒赫德在烏什參贊多年，為人勤敏，辦事周全，於厄魯特諸部較有威望。尤其此次對土爾扈特歸誠的分析，有理有據，甚有眼光。返新疆後即前往伊犁接任將軍職。伊勒圖則原地聽候任命。」

舒赫德萬沒有想到自己的一番爭辯，竟贏來了一個「總統伊犁等處將軍」之銜。他一時有些轉不過彎來，便跪下說：「皇上，奴才以為伊勒圖將軍並無過失——」

「此次調遣，非處罰誰人。知人善任，乃仁君之責。你只需前往就任，其他不必多慮。舒赫德，你還有甚麼要說的嗎？」舒赫德的態度使皇帝有些意外，哪裏有受恩還推辭不受的！既而便悟出，他是受寵若驚才至於如此。因而才又和顏悅色地叮問了一句。

"皇上恩重如山。奴才誠惶誠恐，必將肝腦塗地，以死報效！"舒赫德也從這突然降臨的恩寵中清醒過來了。他又有一些新的想法：

"奴才還有幾句話，不知該不該說？"

"你說。"

"歸誠土部十來萬戶，跋涉上萬里，穿越高山荒漠，勢必食不果腹，衣不蔽體，急需贍養。從各地調撥食糧衣服接濟土部是當務之急。奴才所轄烏什庫內所存變價棉衣六千餘件，氈衣八百餘套，可全數提出。只是杯水車薪，於土部無濟於事。還望皇上訓示。"

皇帝點點頭，覺得舒赫德提得不錯。此事雖小，從中卻可見到舒赫德的誠心和能力。看來自己還是知人善任。他面帶微笑地說："舒赫德的話有理。既要安插土部，就要有安插的辦法。此事朕已有所考慮。當年喀爾喀蒙古土謝圖汗率部十萬歸順天朝時，聖祖皇帝曾命尚書阿喇尼前往安撫，並發放歸化、張家口、獨石口的倉糧賑濟。此次土部來歸，朕自然要依聖祖成例辦事。舒赫德可先赴任。接濟土部之事，將由陝、甘兩省督辦。"

皇帝停了一下，想了想，又說：你須注意的，是要親自召見舍稜，向他曉示，大皇帝業已降旨，他雖為罪戾之人，若是擒獲，自當治罪，今自行投誠，倘仍究治，則不僅不能揚威，還會貽笑於各部落。大皇帝為天下共主，凡投誠之人，無不施恩，況舍棱還是力窮投誠者，定會與渥巴錫一體加恩。如此可以打消舍棱的顧慮，辦理安插事宜則較為容易。另外，可讓渥巴錫等人前來覲見。他們均未出痘，自然要安排在避暑山莊。如九月中可到熱河，即帶領前來，若趕不上，明年秋獼時再行入覲。"

"奴才明白。"舒赫德聽到皇帝已有安排，便放心地吐了口氣，趕緊回答。

不知不覺，太陽已經把乾清門內全部塗上白光，氣溫也越來越高。君臣雖然都着夏裝，可是經過一個多時辰的商討，也都汗流浹背。皇帝將剛才的經過回味了一下，覺得土部歸誠一事商討得還算完滿，便從懷中取出琺瑯小懷錶，打開看了看。大臣們看見皇帝這個舉動，知道該是下朝了。侍從們見狀，也趕緊行動，扶侍皇帝起身，退出乾清門。

## 【三】

九月初的木蘭圍場，中午熱得還要穿單衣，早晨卻已能見到霜掛。漫山遍野的柞樹，經過風吹霜打，好似枝頭掛滿紅花；那遒勁挺拔的白樺，在風霜的沐浴之下，也把黃燦燦的枝葉舉到行圍者的眼前。在這些樹木的裝扮下，那重重疊疊的山巒，竟像站滿了身着紅黃花袍的皇帝的輿工。木蘭的秋天，洋溢着熱情，充滿了生機。皇帝十分喜愛這絢麗多彩的秋景。每次行圍之後，總要抽出一兩天時間，帶上幾名文學侍從，到林中對景吟詩。但這一次他卻無此雅興了，已接到奏報，說是重陽之後，渥巴錫等人就能趕到熱河，恭行朝覲之禮。皇帝決定提前結束行圍，返回避暑山莊。

　　皇帝在山莊接見前來朝覲的蒙古王公或外國使臣，幾乎每次都安排在萬樹園。那裏林木蔥鬱蒼莽，挺拔勁立，是麋鹿呼朋引伴的樂園。走出密林，就是一塊寬敞空曠的草地，平齊如

剪，就像為賓客鋪下一張巨大的綠毯。皇帝為這塊綠毯題了一
個雅號——試馬埒。召見使臣，就在這個地方。

◆ 萬樹園賜宴圖

避暑山莊的萬樹園，空曠平坦，綠草如茵，一派草原風光。乾
隆帝經常在這裏賜宴各族王公。此圖再現了乾隆十九年，乾隆
帝在萬樹園賜宴接待歸順的厄魯特蒙古杜爾伯特部首領的情
景。土爾扈特部來歸後，乾隆帝亦在此接待該部首領渥巴錫。

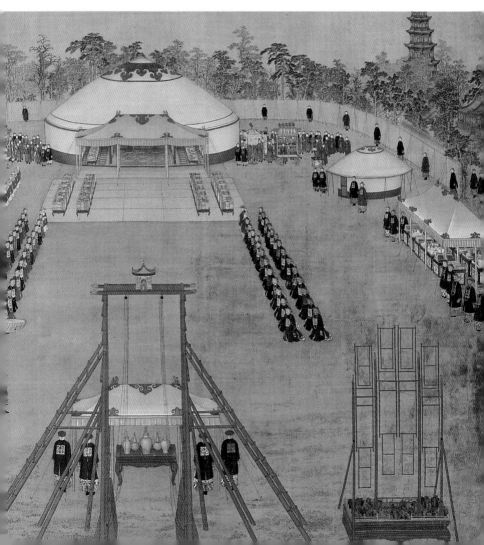

　　皇帝返回山莊時，渥巴錫等已經隨舒赫德到達熱河兩天了。渥巴錫這些從小生活在伏爾加草原的土爾扈特人，從來沒見過熱河這樣熱鬧的東方都市，更沒有經歷過皇帝召見這樣盛大的場面。初入熱河城時，渥巴錫一行看到那金碧輝煌的廟宇佛塔，鱗次櫛比的酒肆茶樓，摩肩接踵的遊客商旅，興奮萬分，驚訝不已。渥巴錫在為自己久居草原，孤陋寡聞而感到慚愧，舍棱等人卻為這次返國而慶幸：若不是回到中國，哪有這等眼福！待到進入萬樹園後，那莊嚴、肅穆、鴉雀無聲的氣氛，又讓他們感到緊張和壓抑：大皇帝不知有多威嚴呢，否則大家為何都垂手肅立，互不言語？

　　頭一天舒赫德已通知渥巴錫，大皇帝召見過後，他和策伯克多爾濟等人都要被封官晉爵。因此，他們幾人都按自己的身份換上了帶團龍紋的朝袍朝褂，掛上了或紅或藍的朝珠。

　　萬樹園裏，參加召見的滿漢大臣和內外蒙古王公早已列隊站好。渥巴錫一行按照舒赫德的指點，依次站到大臣們身後。這試馬埭上陳設的一切都令渥巴錫感到新奇，他情不自禁四處張望。舒赫德似乎看出渥巴錫的心情，便趁大駕未到，悄聲向他解釋起來：

　　"看見了嗎？那頂黃色的大帳就是皇上的御帳。帳前鋪設的葦蓆上，安設的是宴桌，召見過後，皇上就要在那兒款待你們。"

　　"帳兩邊那些穿紅裙的人，也是要被召見的嗎？"當渥巴錫看見御帳兩側準備演奏中和韶樂的樂工時，止不住好奇地發問。

　　"不，他們是專門奏曲的樂生。那掛的、擺的，都是各種不同的樂器。你們草原上除了馬頭琴，還有甚麼？聽説這些樂器在中原已流傳了一二千年呢！」

「一二千年？！」渥巴錫忍不住張嘴咋舌。

舒赫德看出他還有疑問，索性一一給他講解：「這草地周圍那黃布圈成的圍牆叫幔城，只要搭設御帳，就必定要有幔城。中原跟你們草地蒙古可不同。皇帝出巡，就是露宿在外，一應設備也要預備齊全。你看見沒有？南頭這幾個架子，叫鞦韆，是供藝人玩耍的，聽説是從大西洋的法蘭西、英吉利傳過來的。你們久居俄羅斯，可曾聽説過？」舒赫德指着草坪南端安設的幾個巨大木架問渥巴錫。

渥巴錫木然地搖了搖頭。

正説着，只見幾名乾清門侍衛匆匆走進來，舒赫德知道，皇帝馬上就要進園了。舒赫德趕緊閉住嘴，用眼睛示意渥巴錫，要他趕緊低下頭來。渥巴錫不知是未解其意，還是佯裝不知，仍直着脖頸向前張望。

説話間，十幾名身着石青朝褂的大臣，排着兩列縱隊，已緩步進園。在他們後面的，是十幾名身着小團花紅色長袍，腰繫綠絲帶的輿兵，抬着一位坐在木椅上的老人走進園來。渥巴錫雖是第一次到中原，但憑周圍人們的表情和園內氣氛，他也明白，這是大皇帝來了。不禁有些興奮，張着一雙明亮的鷹眼，緊緊地盯着慢慢向他接近的大皇帝。他好像要弄明白，究竟是甚麼力量讓大皇帝把蒙古各部落的頭人都召集到這裏來了？

坐在十六人抬紫檀木雕花步輦上的，自然是皇帝。皇帝雖

◆ 演奏《中和韶樂》的編鐘和編磬

《中和韶樂》是清宮廷音樂曲目，屬古代雅樂，深受康熙、乾隆兩帝的喜愛。乾隆帝還特地用貴重的金玉材料，編製了編鐘、編磬等雅樂樂器，置於宮中。圖中即為乾隆年間所造的編鐘、編磬。

剛經過十來天的山林狩獵，卻毫無倦意。白皙的面龐上，流露着剛毅自信、怡然自得的神情。幾綹美髯，又為年過花甲、卻依然精神奕奕的皇帝增添了幾分風流倜儻之氣。渥巴錫有些看呆了：到底是中原的君主！那目光多和藹，那神情多可親，連掛在頦下的鬍鬚，也不像俄羅斯人那樣兇狠！這樣的君主，對百姓想必仁慈。土爾扈特人這次歸來，代價雖然慘重，若遇聖主，也就值得了。

坐在步輦上的皇帝，似乎也感受到了渥巴錫的目光。他向跪在草地上前來接受召見的土爾扈特部大小頭目掃了一眼。這些人雖然換上了朝廷賞賜的綢緞袍褂，卻仍那般愚蠢癡呆。或許是這莊嚴的場面把他們懾服了吧？只有少數幾張帶着熱切目光的臉上，似乎還顯露着一些英氣。皇帝心中暗暗歎息：這些未曾開化的番民，竟能跋涉萬里前來歸誠，真是難為他們啊！

召見就是在園北那頂寬敞的黃色御帳中進行的。

渥巴錫隨舒赫德跪在秋香色五彩勾蓮紋地毯上。這位彪悍的土爾扈特可汗，有生以來，還是第一次這麼馴服地跪在人前。他的情緒不免有些波動，七上八下的。他不知該怎麼使自己的情緒平息下來。

"渥巴錫，你們一路東來，路上還順當？"皇帝用蒙古話開始詢問了。

渥巴錫聽到這熟悉的語言，禁不住驚喜地抬起頭：大皇帝會說我們蒙古語？！他滿腦子的疑問和不安，立即冰釋了。

"還順當！啊，不！歷盡了千辛萬苦啊！"渥巴錫的情緒一下子激動起來。

　　"你不要急，慢慢説給朕聽。"皇帝仍用蒙古語和藹地對渥巴錫説。

　　"我們一路不斷遇到俄軍的追擊和阻截。光是奧琴峽谷跟哥薩克打的那一仗，就有一萬多土爾扈特人戰死！以後又多次遇到荒漠風暴，人畜倒斃，慘不忍睹。起程時隨我東來的共有十六七萬人，待到伊犁就只剩七八萬了！"説到這裏，渥巴錫忍不住落下淚來。

　　"誠心可嘉！誠心可歎！誠心可讚啊！"皇帝的情緒也有些激動，連聲讚歎起來。

◆ **萬樹園中的御帳和樂隊**

乾隆御帳位於園中北側，裝飾華麗，金碧輝煌，為皇帝接見王公大臣之處。帳外身着紅袍的宮廷樂工分立兩旁，兩部樂器是演奏《中和韶樂》的編鐘和編磬。

渥巴錫見皇帝這樣稱讚土爾扈特人的行動，便又振作起精神，開始敍述他們在歸國途中與俄國女皇所派追兵交戰的詳細過程。皇帝邊聽邊問，帳內的氣氛變得溫暖隨和起來。渥巴錫的心中，升起一種游子歸家的情緒。

　　"我們這七八萬土爾扈特人的生死存亡，都交給大皇帝了！"渥巴錫用這肺腑之言，結束了他的敍述。

　　"這個你不必擔心。朕自接到伊犁將軍的奏報，就開始籌備安插之事。你們在俄羅斯食不果腹，衣不蔽體，現在歸誠向化，朝廷定會讓你們安居樂業。土爾扈特部各式人等是否全部受領了朝廷所賜食用牛羊？"

　　"是！都已受領了衣服和食糧。只是牛羊數量尚少。土爾扈特人世代放牧，牛羊就是我們安身立命之物。"

　　"牛羊是活物，一時怕難以湊足數字。待明年開春定會解決此事。"皇帝見渥巴錫臉上現出放心之色，又說：

　　"你們返回中國，就是大清的臣民了。從今以後，你和你的屬下，一律按我朝規制分封爵位。你與蒙古各部頭人等同對待，仍稱汗號，為卓哩克圖汗，中原人稱英勇之王；策伯克多爾濟為布延圖親王；舍棱為弼里克圖郡王。"

　　渥巴錫聽到皇帝這番話，感動萬分，止不住連連叩頭。

　　說話間，理藩院尚書莫根捧着一個鋪有白棉綢的托盤走過來。盤上是一顆螭鈕青玉方印。

　　"這是印信，看看上面的字。"皇帝教導渥巴錫。

　　印上鐫刻的，是四行渥巴錫很熟悉的蒙古語。他輕聲唸道："烏納恩蘇珠克圖舊土爾扈特部卓哩克圖汗之印。舊土爾扈特？”他有些不解，用疑問的目光看看皇帝。

　　皇帝微微一笑：“歸來的土爾扈特人現雖僅七八萬，但還要滋生繁衍。伊犁地方已有準噶爾蒙古，倘再增添數萬人，恐與你部生計不利。你與舍棱本非一支，且舍棱又後至俄羅斯，不若將舍棱一部定為新土爾扈特部，安插在科布多。你為鄂爾勒克汗後裔，稱舊土爾扈特部，可在伊犁一帶遊牧。大家各得其所，彼此相安無事。”

　　渥巴錫與策伯克多爾濟、舍棱交換了一下目光，都覺得皇

帝這個主意甚好，便一起叩頭謝恩："感謝大皇帝施恩邊陲部落。我等歸於鴻化，永為中國臣僕，決無二心！"

皇帝含頷微笑，表示讚許。停了片刻，他命人備上文房四寶。

皇帝提起一支黑漆描金大抓筆，蘸了蘸墨汁，懸起肘腕，又思索了片刻，在一張三尺長的粉箋上"唰唰唰"地寫下幾行字。

渥巴錫正感到好奇，聽到皇帝吩咐侍從："這是賜予渥巴錫的，唸與他聽聽。"

土爾扈特部，昔汗阿玉奇。

今來渥巴錫，明背俄羅斯。

向化非致致，頒恩應博施。

舍棱逃復返，彼亦合無辭。

衛拉特相忌，攜孥往海濱。

終焉懷故土，遂爾棄殊倫。

弗受將為盜，俾安皆我民。

從今蒙古類，無一不王朝。

渥巴錫對此無動於衷，仍楞楞地跪在地毯上。

◆《萬樹園賜宴圖》中的乾隆

乾隆帝坐十六人抬的紫檀木雕花步輦，在眾大臣的簇擁下，進入宴會場地。

　　侍從抑揚頓挫地誦詩句，與渥巴錫木然的神情形成鮮明的對比。羣臣覺得此景頗滑稽，想笑卻不敢。皇帝也覺得有些可笑：渥巴錫從小生長在異國異鄉，從未聽見過漢話，他哪裏懂得漢文寫成的詩句呢？這真成了對牛彈琴！皇帝不禁啞然失笑，羣臣也跟着善意地笑了。

## 編書復焚書　功過誰評論

# 【一】

距紫禁城的西大門——西華門——不遠，有一所規整的院落。它的形制與東華門內的文華殿幾乎一模一樣：彎彎的御河繞過院牆，河上橫跨三座石橋，黃瓦覆蓋的歇山頂大門前站立着兩尊威嚴的石獅……。這就是號稱紫禁城之右翼的武英殿。這座建築連同它的殿名，早在明代就有了。但不知何故，明清兩朝對這座宮殿的使用卻相差甚遠。明時武英殿曾是皇帝召見臣工的殿堂，也曾是命婦入宮朝見皇后的地方。到了清代，這裏卻變成宮中的一個修纂、印刷圖書的場所。早在康熙十九年（1680），宮內就有了"武英殿修書處"之稱。從康熙十九年在武英殿設局纂修明史以來，到此時——乾隆三十六年（1771），三朝詞臣在這裏修纂、刊刻皇家圖書已經一百多年了。乾隆皇帝跟他的皇祖、皇父一樣，喜好文學詞章，修書處的事業也就越來越興旺。

這一年臘月的一天，皇帝在乾清宮處理完政務，信步走到宮東側的昭仁殿。這裏面陳放着一套名為《天祿琳瑯》的宮廷祕笈。早在乾隆九年時，皇帝曾命詞臣從宮內收藏書中精選出宋、金、元、明善版，匯集成套。後來皇帝特依漢代天祿閣"藏祕書，處賢才"之意，為這套善版書題名為《天祿琳瑯》。他十分珍愛這套古籍，所以才把它放置在乾清宮東側，以備自己萬機之餘能夠隨時翻閱。

　　昭仁殿的值班太監為皇帝舉起厚厚的棉門簾。這裏雖名之曰殿，卻遠不像一般大殿那樣高大、寬敞。也可能當年曾為崇禎皇帝公主寢室之故吧，昭仁殿裏充滿了一種舒適、溫馨的氣氛。通向乾清宮的地炕，把屋裏烘得暖洋洋的。靠北牆，是一張楠木雕花小炕，炕後是一架黑漆描金九扇屏風，炕上安放有紫檀木嵌大理石面炕桌和明黃織錦緞製成的靠背、迎手。這是皇帝看書時使用的，沿西牆和北牆立着的，都是頂天立地的書架了。上面陳放着裝潢精美的《天祿琳瑯》。皇帝走到西牆書架前，取下《天祿琳瑯》的第一部——宋版《漢書》，放到炕几上，翻閱起來。這部宋版《漢書》本為元代書法家趙孟頫所藏。以後輾轉到明代王世貞手裏，再又輾轉到國初禮部侍郎錢謙益手中。錢謙益知道世祖皇帝酷愛經史文章，便把它呈給了皇上。從此這部《漢書》成為宮中藏書各種版本裏最早的一部。

　　皇帝一邊欣賞着書版蒼勁有力的刻工，一邊品聞着書內散發出的墨香，情不自禁地歎道："稀世之寶，強似寶玉大弓啊！"當他看到當年匯集《天祿琳瑯》時自己親手在此書卷首所鈐蓋的兩方寶璽："德日新"和"執兩用中"時，神色變得莊重起來。他對着這兩方寶文凝視了一會兒，把書收好，放回書架，然後又分別挑了宋版《資治通鑒》、元版《山海經》幾部古籍翻了一遍，才返回養心殿。

◆ 宮內藏書處：昭仁殿

昭仁殿，乾隆年間為宮內收藏宋明古籍善本之處。殿內有乾隆帝題“天祿琳瑯”匾。

這一夜，皇帝覺得難以安眠。“德日新”、“日日新”幾個字總在他腦際縈繞。説起來內府收藏書插架也不為不富了。自世祖入關，就刻意收藏。自己御極以來，也不斷詔示中外，搜訪遺書，還命詞臣校勘了《十三經》、《二十一史》、編輯了

《續三通》……，但要做到“日日新”，談何容易！

　　恍恍惚惚，皇帝來到江南老臣沈德潛的家中。沈德潛童顏鶴髮，精神抖擻，正在指揮家人往一座樓裏搬運着書籍，那麻利的舉止，全然不像一個年屆九旬的老人。

　　“皇上駕到，恕臣失迎之罪。”沈德潛好像剛看見皇帝。

　　“德潛，你幾番要求休致回家，原來為了私利啊！”皇帝頗為不滿。

　　“臣搜尋遺書，原是為天下士子！”沈德潛並不服氣，“皇上不信，請親自過目！”説着，把樓門“喱唥”一聲打開。只見樓裏堆放着汗牛充棟的圖書，有很多人正在查閱。皇帝顧不上禮儀，也湊去翻看。他一連打開十幾封函套，看到的卻盡是自己未曾見過，也未聽過的詩文詞曲、金石經籍，心中老大不快。他扭過頭去，正好看到沈德潛在注視着自己，那目光好像在説：天家藏書不過滄海一粟啊！

　　“德潛！你——”皇帝不覺叫出聲來，喊醒了自己，原來是場夢！

　　“沈德潛作古已數年，托夢相見，是否有甚麼徵兆呢？”

　　夢中的情景，讓皇帝強烈地感到，定有大批稀世版本流散民間，若能得以目睹，該是多麼愜意！這個情緒，使他再也無法入睡。他不待太監前來侍候，便起身下牀，走出養心殿。

　　皇帝看看東方，天空似乎已透出白光。也可能城闕過於高大了吧，紫禁城內卻仍舊昏昏暗暗。此時正是滴水成冰的季節，乍從暖殿出來，讓風一吹，不禁打起了冷戰。一直跟在皇帝身後的兩名養心殿值夜太監，見狀急忙送上一領熏貂披風和一具畫琺瑯手爐。

皇帝接過手爐，似乎才明白自己要幹甚麼，便喊："備轎！"

"喳！"太監嘴裏答應着，心裏卻在奇怪：離年下大朝還有十來天呢，這麼早是要到哪兒去呢？

"回來！"眼看太監快出養心門了，皇帝又改變主意了，"趕快準備盥洗用具。"說着，又返回殿內。

待皇帝梳洗完畢，天已全亮了。他草草用過早膳，便乘上殿外備下的軟輿，出隆宗門，朝西華門方向走去。

軟輿穿過弘義閣背後枝椏盤虬的古槐林，抬過前明修築的斷虹橋，來到武英殿前。這裏儘管也在紫禁城內，但因皇帝極少到這一帶走動，看上去竟是那樣淒涼冷落。武英門緊閉着，周圍連一個人影也沒有。只有幾隻宮中供奉的神鳥——烏鴉，在凜冽的寒風中哀號。

軟輿只好在殿前橋頭停下。

皇帝掏出腰間所繫的鎏金小懷錶看了看，時針正指在八時一刻，"嗯？都已辰正一刻了，怎麼還不見人影？"皇帝顯然很不高興。

隨侍的太監無言以對。一個機敏的趕緊跑上前去敲門："萬歲爺駕到——"

這威嚴的喊聲，就像洪鐘一樣，震開了大門。只見修書處的幾個庫掌，帶着幾名拜唐阿，戰戰兢兢地跪在御路兩旁。他們作夢也沒想到，萬歲爺會在這時臨幸此地！好在自己沒敢偷奸耍滑，各作的匠役也都勤勤懇懇，皇上就是要怪罪，也只能是“候駕不恭”吧，但不知者不為過啊。

皇帝似乎毫不理會庫掌們的心情，他從軟輿中下來，徑直向東廡凝道殿走去。這時一直侍候在皇帝身邊的養心殿太監李國安才醒悟過來：皇上折騰這一早晨，敢情是為了到這兒瞧書哇！

凝道殿及與它相對的煥章殿，均是修書處的刊刻裝裱等各作的工場。太監為皇帝掀開厚厚的棉門簾，只見殿內安放着五六張地桌，七八個刻寫作的匠役正專心致志地執刀在木板上鑿刻。牆邊屋角堆滿了刻好的書版。

工匠們並不知道來人是誰，一個個仍舊低頭忙活。皇帝倒也不見怪，他此行目的，原本就是想看看修書的情況。看起來刻作的匠役還肯幹，刻的字也清晰端正。

“一塊版一人要刻幾天？”皇帝冷不防地問跟在身後的庫掌。

“快的三天，慢的五天。”庫掌趕緊回答。

皇帝點點頭，心裏默算着：照這樣看，一部《玉台新詠》二十個人一個月也就刻完了。這樣說來，刻作的狀況還算令人滿意。

接着，皇帝又依次查詢了書作、刷印作、墨作、裱作。結果各作工匠活幹得都很不錯，皇帝這才帶着滿意的神情返回養心殿。

經過這次武英殿修書處各作的巡視，皇帝在昨夜形成的一個朦朧的想法，逐漸清晰起來。但他覺得事關重大，不好輕易作出決斷，似乎還應聽聽臣下的意見；然而此時正臨近年關，朝臣們已循往例放假在家準備過年了，好在不是甚麼燃眉急事，待過了元旦再細細商議吧。

### ◆ 武英殿修書處

武英殿在明代是齋居和召見大臣的宮殿。乾隆年間，這裏成為宮廷修書、印書的地方，所印書籍稱為殿本書。

　　乾隆三十七年（1772）正月初三這天，滿朝的王公貴戚，文武大臣像往常一樣，齊集圓明園的同樂園，觀戲聽曲，與皇上共度新春佳節。台上演的是崑腔"羅漢渡海"，皇帝看了不

過兩折，便起身返回他在園中處理政務的正大光明殿。大學士劉統勳奉旨在這裏恭候召見已經有時了。

劉統勳是皇帝視為“股肱”的一名老臣。雍正年間皇帝作為皇子在上書房讀書時，他就已是上書房的師傅了。自皇帝即位這三四十年來，朝中禮、戶、吏、兵、刑、工六部尚書劉統勳幾乎任遍。二十年前就已加上“太子太傅”、“太子太保”銜，頭二年又協辦大學士晉拜為東閣大學士。看起來皇帝似乎對他格外施恩，其實倒是憑他的才幹。當初他在朝臣中並不起眼，乾隆六年（1741），才出任左都御史。其時他見大學士張廷玉一家入仕為官者過多，朝野有“張、姚二姓佔去半部縉紳”之說，而尚書訥親又年未強仕，攬權太過，劉統勳遂不顧張、訥的權勢，上疏皇帝，提出應“抑其遷除之路，三年之內，非特旨擢用，概停升轉。”這真可謂石破天驚！滿朝文武，誰不知張廷玉受恩三朝，先皇賜他死後配享太廟；而訥親在朝中的地位就更為顯赫了，是今上的至親啊！平日裏巴結都巴結不上，誰還敢說個“不”字！所幸皇帝還算英明，不但沒有動怒，反告誡張、訥二人要依古大臣之風，聞過則喜。從此劉統勳在皇帝眼裏就很不一般了。以後，他又受命督理漕運、辦理新疆軍務，每次都辦得很漂亮，難怪皇帝要把六部大權依次交到他手中呢。

三十七年，彈指一揮間啊！當年精明幹練、敢說敢為的劉統勳，此時已經變成一皓髮白鬚的耄年老翁了。他微閉雙目，靜靜地坐在東配殿的太師椅上。心裏卻在揣測着皇帝召見自己的目的：

頭年還應該算個太平年。雖說大、小金川再次發生動亂，但朝廷發兵及時，兵部尚書阿桂統兵也有方，很快就將動亂平息，年前已接到紅旗捷報了。至於水、旱、蟲、風，天下這麼大，哪年不得鬧點災呢？只要飢民不亂，這一年就算平安。那麼，是甚麼事讓皇上這麼焦急，不待年後上朝議事，非要在這大過年的時候召見自己呢？

劉統勛正在閉目靜想，太監走進來，通知他說皇上是在勤政殿召見。

勤政殿的正式名稱叫勤政親賢殿，就在正大光明殿東側，

◆ **養心殿西暖閣**

從雍正帝開始，這裏成為皇帝召見軍機大臣，商談機要大事的辦公場所，室內御座前的御案和文房四寶，都是皇帝批閱奏摺時的用具。殿內正中掛"勤政親賢"圖。

很像大內的養心殿。皇帝若單獨召見大臣，常常就在這個地方。

劉統勛隨太監剛一進殿，皇帝就笑呵呵地迎上來："今日本該聽戲娛樂，朕卻要你到此議事，諸禮全免了！"

劉統勛忙說："皇上不顧新春繁忙，召見老朽，敢是出了甚麼大事？"

皇帝知道劉統勛誤解自己此次召見之意了，便哈哈一笑："統勛，如今民心安定，海內昇平，你大可不必慌張。要說大事嘛，這正是今天朕要跟你商議的。"皇帝見劉統勛臉色恢復常態，接著說："我朝雖以騎射得天下，但自世祖起，即博採圖書，稽古右文。當年戰亂不斷，還曾多次開館修書，今日國運昌盛，倘不重文典學，恐怕對不起列祖列宗啊。"

劉統勛聽了皇帝這番話，感到很困惑：今上不是自御極以來就命人編纂《大清一統志》、重刻《十三經》嗎？何以又說"不重文典學"了呢？

皇帝似乎看出劉統勛的疑問，便說："這些日子，朕一直在想，明成祖即位之初，就能開館修《永樂大典》，其時明立國不過三四十年。我朝定鼎已一百二十年，還沒有一部堪與《大典》相比的圖書，將來不要受後人指摘嗎？"

"皇上是想下詔修書？"劉統勛這才明白了皇帝的意思。

"是啊。"皇上點點頭，若有所思地說：

"朕有意修一部超過《永樂大典》的叢書，以當今人力物力之富，是可以做到的。不過——"皇帝停下來，歎了口氣："朕已年過花甲，你亦垂垂老矣！"

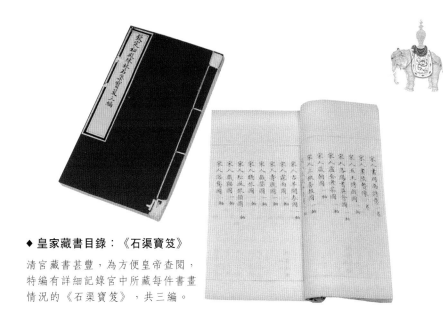

**◆ 皇家藏書目錄：《石渠寶笈》**

清宮藏書甚豐，為方便皇帝查閱，特編有詳細記錄宮中所藏每件書畫情況的《石渠寶笈》，共三編。

劉統勛趕緊說：“臣確已日薄西山，但皇上正年富力強，修部叢書並非難事。”

“怕沒有這樣簡單。古來著書立說之人千千萬萬，所留著述，更不知有幾何！若要全部收集起來，不用傾國之力，難以奏效。聖祖、世宗二帝纂修《圖書集成》一萬卷，尚且花費了二三十年的工夫，何況這準備超過《永樂大典》的叢書呢！”

“臣也以為並非易事，但當今國情國力畢竟與以往不同了。”劉統勛心中儘管對皇帝這一想法不以為然，嘴上仍不得不敷衍。

“對！這也正是朕修書的信心所在！”皇帝並未察覺出老臣的心理變化，仍沿着自己的思路往下說：“修書的事情，就交給你來統辦。”

“統勛才疏學淺，恐怕不能勝任。”

“幾十年來你從未說過個不字，這次也不要辜負朕意。”皇帝的神色莊重起來，劉統勛只好受領了這一使命。

　　第二天，朝廷向全國頒發了劉統勛草擬的求訪遺書的詔書。要求“直省督撫會同學政等通飭所屬，加意購訪。除坊肆所售舉業時文及民間無用之族譜、尺牘、屏幛、壽言等均無庸採取外，其歷代流傳舊書內有闡明性學治法，關係世道人心者，自當首先購覓。”

　　一次規模浩大的徵書修書工作，自這一天起就算正式開始了。

　　詔書下達後，轉眼已是半年多了。這年深秋，皇帝自木蘭秋獮回京後，在養心殿又召見了劉統勛。同時被召見的，還有文華殿大學士于敏中。

　　于敏中是一個小劉統勛幾歲的文臣，皇帝御極之初，他就為懋勤殿大臣。幾十年來，儘管官位屢有變遷，但基本上沒有離開文學詞章。皇帝認為他敏捷過人，命他屢典會試，又充任上書房總師傅兼翰林院掌院學士。當時修纂的《大清一統志》、《清三通》，都是由于敏中任正總裁。此次傾全國之力徵書修書，皇帝是不會忘記他的。

　　“徵集遺書之詔已有半年多，各省督撫、學政都已有回摺。今天是要跟你們商議一下安徽學政朱筠的意見。”皇帝說着，把朱筠的摺子遞到劉統勛手中。

　　劉統勛很快看過，又交給于敏中。

　　“統勛先說說看法。”

　　“臣以為朱筠所說‘外書既可以廣中書，而中書亦用以校外書，請先定中書目錄宣示外廷，然後令各舉所未備者以獻，則藏棄日益廣矣’的提法不錯。但他主張要將《永樂大典》內古書先行搜輯，卻是徒為煩勞，多此一舉。"劉統勳毫不猶豫地提出了自己的反對意見。

"敏中以為如何呢？"皇帝聽完劉統勳的意見，轉而詢問于敏中。

"臣的看法與劉閣老正好相反。"于敏中對劉統勳的意見很不以為然，"《永樂大典》乃是類書，為從其類，編次之中必然分割古書，目錄雖全，卻早已面目全非。倘《永樂大典》所提諸書尚不可得，編纂亙古未有的叢書又從何談起呢？"

"敏中的看法不錯。看來統勳確是老矣，已經難領會朕意了。"皇帝因決心要集天下之書修一部卷帙浩瀚的叢書，所以即刻就表了態。又說："《永樂大典》大略是以韻統字，以字統事，將平上去入韻字為綱，依次編序而成。這樣做的好處在於檢選方便，差處正如敏中所言，將原書割裂破碎，失去原貌。既要編纂叢書，則不能依循此例。你

◆ 《永樂大典》

明永樂年間輯成的大型類書，內收圖書近八千種，共二萬二千餘卷。

們看應該如何呢？”

“依臣愚見，可按經史子集四部分目分類。”于敏中似乎早已考慮成熟。

“按經史子集四部分類，檢選查閱倒也方便。”皇帝思索了片刻，下了決斷：“辦理成編時，可名《四庫全書》。統勛、敏中你二人均為《四庫全書》正總裁官。至於諸編修人選，就由你們確定吧。”

劉統勛見皇上採納了于敏中的意見，也只好對此事積極起來，他提出自己熟悉的兩名官員：“臣想薦翰林院編修紀昀、陸錫熊為全書總纂。”

“紀昀文思敏捷，堪稱才子。至於陸錫熊，”皇帝遲疑了一下，“也好，既然已命你二人確定四庫人選，那麼就依你所議。”

“《四庫全書》的規模亙古未有，倘要寫本，則工程浩大，若要刻本，又難以超過《永樂大典》⋯⋯”于敏中又提出一個問題。

關於此書的容量，皇帝倒是早就做過考慮：《永樂大典》二萬二千多卷，《圖書集成》一萬卷，《四庫》要集天下遺書，至少也要有四五萬卷。他本打算刻版印刷的，此時于敏中提出在版本上《四庫全書》也似應超過《永樂大典》，皇帝又有些躊躇起來。他沉吟了一下，遂斬釘截鐵地說：“修纂此書既為藝林盛典，就不能慳惜工本。你們可視情況選派謄寫。抄本最易出錯，在校對上必要多下工夫。為此還應設一總校官，總理《四庫》校訂事宜。”

　　"總校官是否可由翰林院編修陸費墀出任？"于敏中也提出自己熟悉的一名官員。

　　皇帝點點頭，又說："那麼，四庫館自即日開啟了。"

# 【二】

　　編纂《四庫全書》的工程確乎太大了。劉、于二人整整用了兩個月的時間，才基本搭起了架子，配足了人員。身為正總裁的劉統勛、于敏中二人下，設有總閱官、總纂官、總校官、總目協勘官，分別管理審閱、編輯、校對等工作。他們又各帶一班人馬，像總纂官下又分校勘《永樂大典》纂修官、校勘各省送到遺書纂修官、黃籤考正纂修官、天文算學纂修官。四處纂修官合起來約有二三十人；點校官下屬的分校官更多，有一百八九十人。至於謄錄員，竟達四百多人，都從在京舉人、貢生、監生中選拔。這數百人被分在大內翰林院、武英殿、東華門外雲神廟、風神廟幾處，辦理修書之事。

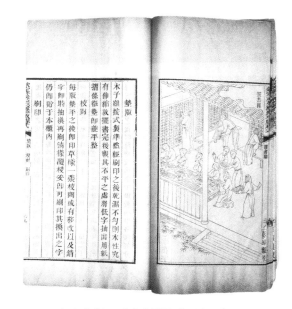

◆ 印書章程：《武英殿聚珍版程式》

聚珍版即乾隆中期刻製的木活字版，曾印有一百多種書籍，其印書工藝、規程編刻成書，為中國印刷史上的重要史料。

為不致汗青無日，劉、于二人對謄錄人員又做了很多具體規定，如要求每人每日寫一千字，每年扣去三十日，作為赴公所領書交書之暇，如此計算下來，每人每年須寫三十三萬字才算達到標準。寫字超逾十分之二者，可列為頭等，受到獎賞。皇帝對這些具體規定很欣賞，以為這樣，則人知奮勉，其書可望速成了。

斗轉星移，日月如梭。秋風迎來了嚴冬，春風卻又送走姹紫嫣紅的百花，帶來了綠蔭如蓋的夏天。

總纂官紀昀坐在翰林院傳心亭中，面對總閱官審定完畢的各省遺書，心煩意亂地想着上任以來的情況：自四庫開館半年多來，參與修書的主要官員有了很大的變動。今年春天，劉統勛於東華門外候朝時，心力交瘁，死於輿中。為保證《四庫全書》修纂的正常運轉，皇上又命親信大臣、孝賢皇后的外甥福隆安和皇六子、質親王永瑢出任總裁。人雖然增加了，但事情卻沒有甚麼進展，各省徵送到的圖書雖不下千種，但都不過近人解經論學、詩文私集，連《永樂大典》上所提書目的一半都不曾達到，更何況還要徵齊天下遺書呢！照此進度，要使《四庫》超過《永樂大典》，沒有二三十年工夫是辦不到的。如今開館不足一年，劉閣老就已謝世，自己能否見到書成，真是渺茫得很！

紀昀越想越覺得事關重大，至少為開脫自己，也有必要將此情上達皇上。他和陸錫熊商議了一下，聯名寫了一份奏摺。

皇帝自去年秋獮畢將修書之事交代給劉統勛、于敏中這兩位可靠的大臣後，一直就很放心，見到紀昀的摺子，才知道此事進展遠非自己所想。他十分惱火，但又覺得僅靠下諭斥責各督撫學政無能也無濟於事，於是就將于敏中召至西苑瀛台，商量解決這個棘手的問題。

"近來各省獻書，數量雖然可觀，但名山石室所藏卻難得一見。朕下詔徵書，意在裨無補闕，使有益於世道人心的罕見之書，得以壽之梨棗，廣為流傳。照目前狀況，朕修書之意，難以實現。敏中，有甚麼辦法可以扭轉此局面呢？"

于敏中道："天下人文淵藪之地，首推江浙。崑山徐氏、常山錢氏、嘉興朱氏、寧波范氏，是聞名天下的藏書世家，所藏書目，至今為人傳錄，更何況錢謙益、徐乾學、朱彝尊都受恩於朝廷。然時至今日遲遲不肯獻上善本、孤本，臣以為怕有顧慮在其中。”

　　于敏中說到此處，停頓下來，看看皇帝。

　　皇帝看出于敏中心裏也有顧慮，遂淡淡地說：“敏中，你不要猶抱琵琶半遮面，只管細細說來，朕不會怪罪的。”

　　“臣以為顧慮無非有二：一者所藏書籍內有妄誕字句，獻出

◆ 杭州天一閣
位於今浙江寧波，原為明朝范欽藏書閣，藏書七萬多卷。是中國現存最古的藏書樓。

後恐連累闔家；二者藏書人視善本、孤本為家傳至寶，獻出後如有遺失缺損，無異傾家蕩產。」于敏中急急地說出早已存在於自己心中的顧慮。

皇帝聽罷，點點頭，心中很不是滋味：于敏中所提這兩點是顯而易見的，自己以前為甚麼就忽略了呢？

他從寶座上站起來，在殿內來回踱着方步，考慮應付的辦法。

片刻，他猛地轉過身來，對仍跪在墊子上的于敏中說：「朕平日辦事光明正大，可以共信於天下，何以會有遺失徵書的顧慮呢？」

「臣不是這個意思！臣的意思是……」于敏中見狀十分緊張，一下語塞起來。

「罷！罷！」皇帝擺擺手，說：「明日下旨，可言明凡藏書內流傳已少，以及現在並未通行各書，可向藏家借出繕錄副本呈送，原書速行給還。如此就不至有遺失之慮了吧！至於書內有妄誕字句，此乃前人之見，與近時無涉，可言明與藏書之人並無干係，斷不會因此加罪。」

「皇上明鑒！皇上明鑒！」于敏中偷偷地抹了一下額上滲出的冷汗，又趕緊提出一個新的話題，以緩和皇帝的情緒。

「臣聞蘇州有一種賈客，專事收買舊書，如山塘開鋪之金姓，於古書存失原委頗為諳悉。湖州有一種書船，平時專在各處兌賣書籍，與藏書家往來最熟。此等人於某氏舊有某書，曾購某本，無不深知，倘能向此等人善為諮詢，名山藏棄，遂可集到。」

　　皇帝還從未聽説有此行當，此時見于敏中這樣一説，轉怒為喜：“如此可責成兩江總督高晉、江浙巡撫薩載、三寶幾人速將書賈訪求清楚。由書賈獻出書目，比之直接購覓，怕要順當一些。”

　　“倘督撫等果能實力尋訪，蘭台石渠之藏，不難覓到。臣以為此事宜速不宜遲，半年之內，將遺書大半購到，編纂謄錄之事才好順利進展。”于敏中身為總裁官，無時無刻不感到自己肩上的份量，他不失時機地向皇帝提出時間上的要求。

　　“好！你現在就草擬諭旨，傳諭各省總督，以半年之限，速將徵購遺書之事辦理妥貼。如有覓得之書，即行陸續送錄，不

◆ 御花園摛藻堂

摛藻堂位於御花園東北隅，是藏《四庫全書薈要》的地方。

必先行檢閱，致使耽延日時，此諭可由四百里傳送。”

徵購遺書的事情，在皇帝三令五申之下，進展的速度大大加快了。到乾隆三十九年（1774）時，各省進到圖書已達四五千種。這個數字使皇帝頗感欣慰，為表示自己正大光明，辦事公平，特下諭賞進書五百種以上者《古今圖書集成》一部，進書百種以上者《佩文韻府》一部。但是，也產生了新的憂慮，所徵書籍卷帙如此龐大浩繁，即使皓首窮經，也難讀完！何況自己已近古稀，又日理萬機！經過幾番認真思考，他想出了一個兩全其美的辦法，命于敏中率詞臣擷《四庫全書》中精華部分，繕為《薈要》一部，貯於御花園中之摛藻堂，以為自己觀書取攜之便。

## 【三】

這年冬天某日，皇帝到摛藻堂內翻閱已謄錄完畢的遺書。他拿起一部《鶴棲堂集》，隨手翻看起來。此書為國初翰林尤侗所撰。順治年間，尤侗得遇於世祖皇帝，被視為當朝才子。聖祖皇帝也很賞識尤侗的才華，戲稱他為“老名士”。“鶴棲堂”即聖祖南巡至蘇州時，賜尤侗書齋的御題。皇帝自然知道這些往事，但尤侗的詩文集子卻從未讀過——他對本朝文士有一種偏見，認為他們的文集，無非解經論學，或自我吹噓，沒有甚麼真正的學問。此次徵集遺書，這些人的文集自然地隨之徵上。《四庫全書》中是否應該容納這部分書籍，皇帝心中還有些猶豫。這次他原本只是隨手翻翻，但“聖上”、“木陳道忞”幾個字卻引起了他的警覺。細細一讀，才知此篇寫的是木陳道忞得寵於世祖皇帝的故事。

　　木陳道忞是浙江天童寺的一位高僧，他與世祖皇帝過從甚密。當年世祖為在京城接待木陳，於西苑太液池畔闢萬善殿，作木陳道忞修行的方丈。最令人困惑不解的，是世祖不但敕封木陳道忞為“弘覺禪師”，還書贈他“洞房昨夜春風起，遙憶美人湘江水”、“枕上片時春夢中，行盡江南數千里”的御筆唐詩。世祖一度曾要出家為僧，虧得木陳道忞、玉林通秀幾位老和尚好言相勸，才未鬧出大笑話。這些事情，皇帝多少也有耳聞，但這純屬宮闈醜聞秘事，禁還來不及，如何能外傳呢？尤侗這老匹夫，竟敢冒天下之大不韙，將此秘聞刻版成書，傳諸天下！皇帝氣惱得把書摔到了地上，十來冊書一下從裝裱精美的函套裏蹦了出來，橫七豎八地躺在那裏，像是在嘲笑皇帝的無能。

　　皇帝起身在屋中來回走了兩趟，待怒氣稍平，才回到寶座上再次翻看。他翻了幾部，都是些解經論學之作，沒有多大意思，就擱在一邊了。接着皇帝又打開一部《偏行堂集》，翻開一看，著者為澹歸，是個和尚的法號。再一看，竟是本朝韶州知府高綱所作之序。這引起了他的興趣：此和尚想必與塵世還有瓜葛，否則是不會讓一名旗下官員寫序的。皇帝饒有興味地翻看起來，但看了不足兩本，即臉色大變。原來這澹歸和尚俗名金堡，落髮前為明末進士，朱由榔偏安一隅時，他任永曆小朝廷的給事中。《偏行堂集》中，不但稱桂王（朱由榔封號）為帝，用永曆年號，且語多悖謬，充滿揚明抑清之情，這真是無法無天！康熙年間的《南山集》案，就是因為採用了永曆年號

◆ **清宮藏書處一角**

清宮內設多處藏書閣，類似皇家圖書館，
書以樟腦避蟲，每年定期曬晾除塵。

才起的大獄。當時被株連抄斬流放的多達四五百人，舉國震
駭，沒想到事隔六七十年，又發現《南山集》第二！更令人髮
指的是，為此書作序及募資刊刻者，竟是一名八旗官員！皇帝
想到此處，只覺得胸間憤懣難忍，他對着侍候自己看書的太監
大吼了一聲：「傳于敏中！」

自頭年皇帝四百里傳諭加緊徵書後，于敏中便終日周旋於
《四庫全書》各值房，時而與紀昀、陸錫熊商議編纂之事，時而
到總校官陸費墀處查看抄校工作，一刻也不敢忘記自己肩負的

重任。此時他在武英殿四庫值房聽到皇上盛怒召見的消息，便匆匆隨太監來到御花園的摛藻堂中。他不知道皇上為何惱怒，但皇上召見，要拿自己出氣則是確定無疑的了。

于敏中進了摛藻堂，一頭跪倒在地上。

"啪！"滿面怒氣的皇帝劈頭蓋臉地朝他摔過幾冊書："拿去看看，該當何罪？！"

于敏中伏在地上，很快就將皇帝摔過來的《偏行堂集》瀏覽完畢。對皇上為何發怒，他心中已略知端倪，但卻不知說甚麼是好。儘管所徵圖書，全部是由總閱德保、朱珪他們定的，自己本沒責任，然身為總裁，若論起罪來，也難脫干係。他不敢申辯，只囁嚅道："臣……臣知罪……"

此時皇帝的怒氣似有消散，卻仍厲聲說："如此悖謬大逆之書，竟敢收入《四庫全書》？！"

于敏中不敢說話，心中暗暗叫苦：若非當初有旨不因書中妄誕之句加罪藏書之人，何以會有今天這段公案？

皇帝似乎也想起自己頭年許下的諾言，便將口氣緩和了一些："從今日起，你須同德保、朱珪等人將所徵遺書全部重新審理，並傳諭各省督撫學政，凡違礙狂妄之書，均開單呈上，由朕親自定奪。"皇帝看了一眼不住點頭的于敏中，又說："這澹歸禿賊不嚴懲不足以戒天下，此案內最為可惡之此處，乃高綱身為滿洲世僕，於此大逆之書不僅不為怪，反出資刊刻，推波助瀾，實屬喪盡天良！此案可交隆福安去辦。"皇帝說到此處，停了下來，沉吟片刻，突然問："敏中，國初文臣中，以誰的文集為最多？"

于敏中冷不防聽到這個問題，一時感到語塞。他想了想，道：“臣才學有限，不敢對前人妄加判斷。就臣的記憶，王士禎、錢謙益、龔鼎孳著述都不在少數。”

　　“錢謙益？一個有才無行之人？把他的集子拿來看看。”皇帝一聽“錢謙益”三字，剛剛緩和的臉色又露出了冷峻。

　　這錢謙益本是東林黨名士，福王稱帝時，曾為禮部侍郎。後豫王多鐸揮戈南下，包圍南京城，錢率先迎降，授以禮部侍郎管秘書院事。謙益以詩見長，他與龔鼎孳、吳偉業被時人並譽為“江左三大家”。皇帝開蒙後，多次聽師傅說起過這位國初大詩家，師傅對謙益那種發自內心的鄙夷態度，在皇帝幼年的心中留下極深的印象。他亦由此而鄙視這三大家一類貳臣，認為他們“大節有污，實不足齒於人類”。十多年前沈德潛編選《國朝詩別裁》，欲收謙益之詩，皇帝就曾明諭“黜其詩不錄”！此次，則因尤侗《鶴棲堂集》引起聯想，他對這些國初大名家的詩文集實在很不放心。

　　于敏中起身走到書架前，上下找尋，抽出《牧齋集》、《初學集》、《有學集》一一捧到皇帝跟前，“這裏所存錢謙益的著述，大約僅此幾部。”

　　“敏中，你可與朕同看，若有荒誕悖謬之處，不可放過。”皇帝說着，示意于敏中可坐到桌旁那隻景德鎮官窰所燒青花夾紫的瓷繡墩上。

　　君臣二人默默無語，分別翻開《牧齋集》和《初學集》，一函尚未翻完，皇帝又拍案而起了：“哼！朕斷沒有看錯，錢謙益之書絕不可留！”說着，他把書扔到于敏中面前：“睜開你的雙眼看看，好一個江左大家！"

于敏中不敢怠慢，急忙翻看。皇帝又發話了："錢謙益當初若果能為明朝死守不變，以筆墨誹謗本朝，尚在情理之中。可惜他難以守節，成了本朝臣僕。既為本朝之人，豈可復以從前誹謗之詞收入集中？其意不過想以此掩蓋其失節之羞，實屬可鄙可恥！錢謙益已身死骨朽，可免於追究。然其詩文，悖理犯義，豈能聽其流傳？必得全部銷毀，書版也應一併送京，勿得遺留片簡！此等無恥之人，只配有這種下場！"皇帝說完，憤憤地拂袖離去。偌大的摛藻堂，就剩下于敏中一人發呆。

僅這一天，皇帝就欽定銷書三種，凡與此有關的人員，自然免不了要受牽連。澹歸和尚當年修行的韶州丹露寺，由此遭了大難。不僅澹歸的墨迹墨刻被焚被砸，連寺內五百名和尚也全部被趕出山門，罪由是他們奉澹歸為開山祖師。為《偏行堂集》作序的高綱以一滿洲大臣，竟為大逆之書作序，更成了皇帝憎惡之人。他雖死有年，仍被開棺鞭屍，子孫也都緝拿治罪。

開四庫館最初本是為了徵書，從此則又增添了查辦違禁書籍一項內容。京內是于敏中、朱珪、紀昀這些人加緊復審，各省是督撫學政忙於查繳，一時間收書查書鬧得不亦樂乎。特別是在東南諸省，查出幾樁舉國震駭的大案，最熱鬧的要屬江西的"字貫案"。事出於新昌縣舉人王錫侯編刻《字貫》一書，在查繳禁書中，王錫侯被同鄉王瀧南以《字貫》刪改《康熙字典》告訐，結果掀起軒然大波。王錫侯自然免不了砍頭的命運，江西巡撫海成、布政使周克開、按察使馮廷丞、侍郎李友

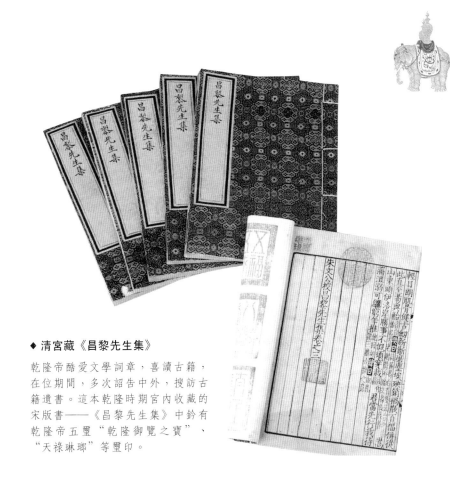

◆ **清宮藏《昌黎先生集》**

乾隆帝酷愛文學詞章，喜讀古籍，
在位期間，多次詔告中外，搜訪古
籍遺書。這本乾隆時期宮內收藏的
宋版書——《昌黎先生集》中鈐有
乾隆帝五璽"乾隆御覽之寶"、
"天祿琳瑯"等璽印。

棠以及一大批有干連的官員，也都因"於此等大案漫不經心"而
獲罪下獄。

　　陽春三月，楊花飄香，柳絮似雪，天地間萬物無不勃發着
益然生機，就連森嚴的紫禁城高牆，也遮攔不住蜂蝶的光臨。
宮內大小官員宮監，都透着一種在冬日難得見到的精神和爽
氣，惟有每日在武英殿《四庫全書》值房忙於審校的于敏中、
紀昀等人，心情卻像三九嚴冬一般陰冷。軍機處已將他們查核
出的第一批違禁書目開單進呈，不日裏皇上就要批覆焚毀了。
身為朝廷命官，聖旨不得有違，但作為諳熟詩詞經史的文人，

要親手把一本本文筆酣暢、刻工精細的書版焚為灰燼，又令人揪心扯肺，難以從命。

三月下旬的一天，武英殿外石橋前立起一隻巨大的三足銅鼎，鼎旁堆放了百十種違禁的書籍和書版。四庫館纂修以上官員，身着朝服，默默無語。肅立在武英門兩側，參加開館以來的第一次焚書。滿、漢軍機大臣也都會集於此，他們自然是奉旨前來督辦焚書一事的。幾個軍機章京在滿軍機大臣的授意下，把一函函書、一塊塊版逐一投入鼎內，又倒上一些清油。驀地，火舌跳了起來，舐着鼎口，又躥到鼎外。于敏中看着鼎內條條火舌，心就像被燒灼一般疼痛，痛苦地抽搐起來。他瞟了一眼站在身邊的紀昀，只見紀昀白皙的面龐竟像石頭一般僵硬，只有雙目似乎帶點瀅光。于敏中的心不覺下沉了，一個念頭忽然在他腦中閃過：始皇焚書！他不敢再想下去，生怕被對面站立着的軍機大臣看出來，連忙閉上了眼睛。

就在于敏中、紀昀等人於焚書的烈火前倍受煎熬時，《四庫全書》另一總裁內大臣、尚書福隆安卻在養心殿享受皇帝的恩賞。早在頭年皇帝命令于敏中等人查尋禁書的同時，也給福隆安委派了一項差事，命他前往浙江鄞縣查看此次進書最多的范懋柱家藏書樓。原來皇帝由《四庫薈要》的藏貯之地摛藻堂，想到了將來《四庫全書》的藏貯問題。宮內雖有樓台座座，殿閣重重，卻沒有一座適中的藏書樓。《四庫全書》工程龐大，卷帙浩繁，若無專門的藏書樓收貯，於禮儀上也有些不相宜。那麼，應修一座甚麼樣的藏書樓呢？當時海內藏書最富之家，無不特建有藏書樓，像崑山徐乾學家之傳是樓，常熟錢謙益家之述古堂，浙江朱彝尊家之曝書亭，寧波范懋柱家之天一閣等等。諸樓閣相比，以寧波范氏之天一閣為最佳。范家的天一閣建於前明嘉靖年間，歷經二百多年，安然矗立，被傳為奇迹佳話。由此，皇帝才特派福隆安前去實地勘查。

養心殿內，皇帝正伏案細細地觀看福隆安呈上的《天一閣全圖》，福隆安奉命坐在桌旁一隻硬木雕花嵌大理石的繡墩上，為皇帝講解：「范氏書樓以松杉木為樑柱，前後檐安設木窗，僅左右山牆為磚砌。樓共二層，樓上是一大通間，取『天一生水』之意；樓下有六間，取『地六成之』一說，遂定名為『天一閣』。奴才口舌笨拙，生怕復述有誤，故讓人繪了這張圖。」

皇帝點點頭，用讚許的目光看了福隆安一眼，似乎在說，還算聰明，辦得不錯。接着又繼續伏身審視起《天一閣全圖》來。

這是一張十分細緻的工筆彩繪，不但將書樓的椽檐額枋及門窗的雕花全部繪出，就連院內的花草也無一遺落，稱得上是一張名副其實的「寫真圖」。

「隆安，你不辭辛苦，親赴寧波，可看出這書樓有甚麼獨特之處嗎？」皇帝看着圖，冷不防地提出問題。

福隆安的確還算稱得上是聰明人，他赴天一閣勘查時，就已留心到這個問題。天一閣若與其他藏書樓沒有甚麼差異，皇帝何苦還要讓他千里迢迢親去勘查呢？

「有，奴才特地留心看了。」福隆安趕緊說：「此閣下層雖為六間，但東西兩端，一偏一進，並不貯書，僅取其透氣。南方地濕氣潮，因而每一書櫃下都安置英石一塊，以收潮濕。奴才以為最有意思的，是閣前這片碧水。”福隆安説着，指了一下圖上所繪的水池，“奴才先是以為范家原有一池，後來才知此池實為書樓而鑿。”

“以為畜水防火之用。”皇帝把話接了過去。

“皇上先見之明！皇上先見之明！”福隆安連忙恭維。

皇帝並不理會福隆安，他從寶座上站起，慢慢踱步，來到養心殿院中，福隆安不知皇上用意，也忙站起，垂手而立。皇帝邊走邊琢磨：這藏書樓建在何地為宜呢？內廷之中，已無空閒之地，外朝格局又不宜輕易更動。難道在這偌大的宮中，竟無建一藏書樓之地？他忽然想到此時武英殿前正在焚燒禁書，臉上不覺露出一抹微笑，便轉身對福隆安説：“藏書樓就建在武英殿後，正好可引殿前之水。如何？”

“嗯，前邊修書，後邊藏書，很是方便。”福隆安從未想過建樓之事，聽到皇帝的問話，便沿着皇帝的思路説下去。

沒想到福隆安的回答卻提醒了皇帝，他搖搖頭，道：“不妥，武英殿內均為作坊，藏書樓建在作坊之後，有失大雅，似應建在文華殿後。文華殿為講經筵之所，與藏書樓相連，相得益彰，何況毗鄰還有祭祀至聖先師之傳心殿呢！這幾座殿閣相連，實為我朝光昭文治之盛事。”

皇帝説到此處，臉上的表情更為明朗了，“隆安，籌辦建樓之事，就由你來總理，格局規模均須參照天一閣形制。此書樓之名嘛，……就叫文淵閣。本朝雖以文淵閣為大學士兼銜，不過沿襲明制，往昔並無此閣，如建是閣，便可一舉兩得了。”

皇帝說着，一個念頭又湧現腦際。他吩咐太監：「速傳于敏中、紀昀、陸費墀。」

正在武英殿前目睹焚書的于敏中等人，聽說皇帝召見，如逢大赦，急忙逃離焚書爐，隨太監直赴養心殿。邁進養心門，

◆ 杭州文瀾閣

位於浙江杭州，是目前藏《四庫全書》的江南三閣中僅存者。

就覺一股從殿內飄散出的幽香撲面而來。于敏中等人剛從武英殿前令人窒息的煙氣中逃出，乍一嗅到這清雅的香氣，彷彿進入了另一個世界。于敏中和紀昀不覺對視了一下，又趕緊垂下雙目，依次走進養心殿。

于敏中以為皇帝此時召見，是為了詢問焚書情況，一路上他已擬好腹稿，只等皇帝發問。誰想皇帝隻字不提焚書，卻提出另一件事：「四庫所集，多屬人間未見之書。當初朕提出勤加採訪，刻意編纂，並非僅為擴充金匱石室之藏，主要還在於嘉惠藝林，啟牖後學，以公天下之好。但是，一旦此書編纂完畢，收之大內，外間即無從觀覽，朕纂書初衷則難以實現。朕想現在謄錄，不妨一式幾份，除供大內收藏之用，外間也有副本，如此天下士子也得觀覽之便了。」

于敏中、紀昀等聽到皇帝這番話，又驚又喜，他們萬沒料到皇上竟有這樣的遠見！便不約而同伏身叩頭：「皇上遠見卓識，洞若觀火……」

皇帝得意地微微一笑：「朕想盛京與避暑山莊應各藏一份，以備朕謁陵秋獮翻閱之便。江浙人文薈萃，亦應存放。敏中，你看江南應存何地？」

于敏中略略思考了一下，答道：「揚州居交通要道，為漕運咽喉，各地豪商大賈會集於此，文人學士游讌於此。康熙年間，曹子棟又奉命於天寧寺開設書局，編纂校刊《全唐詩》，是江南諸城從未有過的盛事。臣以為《四庫》副本應存放該地，才不負江左名都之盛名。」

皇帝聽罷，點點頭道：「敏中之意不錯，揚州可藏《四庫》

副本一部。除此而外，杭州、鎮江也還可各貯一套。如此東南諸省士子，則可就近閱覽了。」

總校官陸費墀聽到皇帝這一席話，心中不禁一陣發顫：謄抄核校一部《四庫全書》就已十分繁重了，何況六部！將來萬一有誤，自己則首當受罰！他心中正在嘀咕，又聽福隆安說：

「奴才以為圓明園中也應備《四庫》一部，皇上常年居園理政，萬機餘暇，可供觀覽。」

皇帝似乎已覺察出陸費墀的心情，他看了一眼這位總校官，加重語氣說：「福隆安言之有理。如此則《四庫》共需繕寫七部，上下字數不下億兆，陸費墀，你肩頭的擔子不輕啊。」

陸費墀連忙伏身叩頭道：「臣雖肝腦塗地，也要辦好此事。」

皇帝不理會總校官的心情，繼續說：「大內貯藏《四庫》之地，朕已選在文華殿後，按寧波范氏天一閣式樣，起造藏書樓。其名可用文淵閣。圓明園、盛京、熱河以及江南三處，自然也要依式造樓。閣名一律從文從水，紀昀，你可回去認真思索，明日回覆。」

## 【四】

紀昀呈上的六閣名稱，經皇帝審閱，最後這樣確定下來：圓明園之文源、避暑山莊之文津、盛京故宮之文溯、揚州天寧寺之文匯、鎮江金山寺之文宗、杭州聖因寺之文瀾。各地起閣日子，自然有前有後。第二年夏天，文淵閣落成，皇帝特下一諭，命參加編纂《四庫全書》纂修以上的官員，赴閣參觀。

◆ **文淵閣外景**

乾隆三十九年（1764）敕建，為宮內藏《四庫全書》之所。文淵閣結構和
外觀均仿浙江范氏天一閣，東側的碑亭中樹有刻乾隆御筆撰文的石碑。

　　六月初的一天，福隆安一早就來到東華門，他今天是要引
導編纂《四庫全書》諸官員參觀文淵閣的。福隆安雖為總裁之

一，但於文墨之事並不在行，在于敏中、紀昀等人面前，總有
矮人一頭之感。他有心推諉卸任，又怕落個抗旨的罪名；只是
接任總理興建文淵閣一事後，才漸覺氣壯。文淵閣的修建甚得
皇上褒獎，福隆安心中不免得意，這次皇上命他引導諸官員參

觀，正是他露臉的時機。

于敏中、紀昀一行人隨福隆安從東華門來到文華門外。看着面前這厚重的朱門，紀昀心中不禁頗有感慨：這殿宇平時並不啟用，只有每年春秋舉經筵時，皇帝才臨御此地。大臣之中，僅翰林出身的大學士、尚書、侍郎、內閣學士、詹事、少詹事等可充任講官，參加經筵。當年紀昀作為詹事府一名區區左春坊左庶子，在舉經筵前，只配為擔任講官的詹事準備講義。後來他擢為翰林院侍讀學士，有了出任講官的資格，卻又因親家兩淮鹽運使盧見曾獲罪而受株連，被奪職謫戍烏魯木齊。想到這些，紀昀不覺悄聲歎了口氣：殿試中榜二十載，今日才邁進文華殿。

自然，紀昀的這些情緒絲毫也不敢流露出來。他跟在于敏中身後，繞過文華殿，來到主敬殿後面。只見這裏新鑿一池，一架白石拱橋橫臥碧水之上，新落成的文淵閣就矗立在水池北側。"啊！"紀昀剛要張嘴，卻聽于敏中高聲讚歎："富麗堂皇，清新典雅！福公，勞苦功高，令吾輩大飽眼福了！"

"不敢不敢！"福隆安滿面春風地回答。

紀昀顧不上參加于、福二人的談話，他完全被面前拔地而起的文淵閣吸引住了。宮內的殿閣，多富麗有餘，清雅不足；而文淵閣卻把這兩點巧妙地結合起來了，既有帝王宮室的宏大氣魄，又有書香門第的清逸淡雅。

這是一座重檐歇山頂的兩層六楹閣樓，樓基不用宮中常見的須彌座，僅墊以條石，顯得樸素無華。樓閣前後出廊，走廊兩頭又各有券門，出入十分方便。最使紀昀讚賞的，是文淵閣的頂子和油彩。自明以來，宮中帝后所用殿閣，一律以黃瓦做頂，紅牆紅柱，惟獨此閣，竟是黑瓦為頂，綠瓦鑲邊，閣頂則是一條帶紫琉璃遊龍的綠瓦脊，有如蟠龍起伏於綠色江河之中。門窗與檐柱，也一併棄紅用綠。這些清幽幽的顏色配在一起，竟使此閣像一個冷美人玉立在紅黃輝映的樓羣之中。

"精彩精彩！令人耳目一新！"紀昀也禁不住讚歎起來。

"諸公請看彩畫。這是派人專程到蘇杭雇覓的油匠所繪，不用和璽，而用蘇繪。"福隆安得意地向大家推薦。

眾人順着他的手勢，這才看清額枋上繪的"河馬負圖"、"翰墨冊卷"。

"單看彩繪，也可知此閣之用途。難得此匠心！"人羣中又有人發出議論。

福隆安笑呵呵地一伸手臂："請入閣觀賞。"説着，一位隨從將閣門打開，眾人魚貫而入。

進入閣內，迎面便是屏風寶座。寶座上方高懸着御筆匾額"匯流澄鑒"及對聯"壁府古含今，藉以學資主敬；綸扉名副實，詎惟目仿崇文"。紀昀細看，才知此閣外看二層，內實三層，精雕細製的紫檀書架環列四壁。奇怪的是，《四庫》尚未修畢，書架上卻已陳列書籍。福隆安解釋道："這些是《古今圖書集成》，皇上命暫存此地，待《四庫》修成再作商議。"

紀昀點點頭，開始細細瀏覽，默算着每個書架可放書多少。他從一樓算到三樓，對此閣的藏書量心中有了底數，才長吁一口氣：文淵閣不僅外觀漂亮，內裏也甚是實用！

乾隆四十七年（1782）正月，經過十年辛苦，第一部《四庫全書》終於告成。為了妥善利用保管文淵閣藏書，皇帝特命設官定責。以文淵閣領閣事總其成，其次為直閣事，再其次為校理，所有閣中書籍需按時檢晾。

二月初的一天，皇帝在紀昀的陪伴下來到文淵閣，觀覽《四庫全書》。戶外雖然春寒料峭，閣內卻因放有幾盆通紅的炭火，顯得暖氣襲人。原來空蕩蕩的書架上已擺放了一個個楠木書箱，像是為四壁鑲上了一層淡淡的琥珀，煞是好看。

"下層放的是經部書九百五十七函，共二十架；史部書一千五百八十四函，有三十三架，存中層；子部書一千五百八十四函，二十二架，在上層中間；集部書二千零十六函，二十八架，在上層東西間。"紀昀向皇帝介紹道。

"《全書》總計有多少卷？"皇帝邊看邊問。

"共收入三千四百七十種書，計七萬九千一十八卷。"紀昀對答如流。

皇帝點點頭："將經史子集各拿一些看看。"

紀昀帶人上樓，親自選了《五經總義》、《前漢書》、《孫子兵法》、《楚辭》各一箱，送到皇帝面前，一一打開。這四種書呈綠、紅、藍、灰四色。原來為檢閱方便，在裝裱時四部用不同顏色的絹作皮，以資標識；經部綠色，史部紅色，子部藍色，集部灰色。皇帝將四種書各抽出一冊，打開細看。這些書用的都是開化榜紙，刻印朱砂紅格，半頁八行，每行二十一字，謄錄得清晰秀麗，十分中看。皇帝見書裝裱得如此精美，心裏很高興，微笑着說：「每冊冊首需鈐『文淵閣寶』，卷尾鈐『乾隆御覽之寶』，如此才稱得上完美。」然而，當他拿起《漢書》，翻到《張耳陳餘傳》時，臉色卻突然黯淡下來。

紀昀見狀，心中頓覺緊張，惟恐皇帝挑出毛病責難自己。誰想皇帝卻歎了一口氣：「唉！可惜于敏中死得太早！他出力不少，卻無福見到書成！」——原來皇帝觸景生情，想起三年前于敏中患病時自己同他就《漢書》的一段討論來。

紀昀連忙說：「于文襄得入賢良祠，實為皇上對他辛苦的褒獎，其福已在眾人之上了。」

皇帝不再說話，從每種書中各抽五本，細細默誦起來。他看得很認真，有幾本書中還做了記號。此時紀昀不禁有些忐忑，一種不祥之感襲上了心頭。

果然，皇帝將抽出的幾冊書都翻完後，「嘿嘿」一笑，紀昀慌忙伏身跪下，不敢抬頭。

「朕花費十年心血精力，難道即為此連篇累牘之魯魚亥豕？！拿去看看！」皇帝說着，把《五經總義》摔到紀昀臉上。

紀昀白皙的臉變得通紅，冷汗順着鼻尖滴到胸前。

「此《全書》既有專員校對，又有總校總裁，重重復核，一書經數人手眼，不可不謂周詳，何以朕信手抽閱，即有此訛舛？你身為總纂，陸費墀為總校，《全書》始終其事，其咎無可推卸！」

「臣知罪！知罪！」紀昀叩起頭來。

「自明日起，另行調配人員，重校此書。所有應行換寫篇頁及裝訂挖改所用工價，均由你與陸錫熊、陸費墀三人承擔！"

紀昀只有連連叩頭，已說不出話來。

三天後，皇帝頒發諭旨，在文淵閣設宴犒賞《四庫全書》總裁、總纂、總校、分校、纂修、提調等官員。紀昀、陸錫熊、陸費墀三人在接到赴宴通知的同時，也接到了受罰賠款之命。

◆ 文淵閣內書樓和書架

# 花甲得公主
## 掌上一明珠

## 【一】

條案上法國進貢的音樂水法自鳴鐘，已經"噹噹噹"地敲了九下，但長春宮西暖閣裏的燭光依舊通明。晚飯後特意到這與惇妃敍談的皇帝，此時還看不出有返回養心殿的意思。他正半躺在一張嵌螺鈿紫檀木牀上，與坐在身旁的惇妃笑談。

惇妃是一位有九個月身孕的很快就要臨盆的少婦。她長有一張清麗的面龐：挺直的鼻樑兩側，是一對俊俏的杏眼，眼中經常閃爍着羞澀又頑皮的神色。儘管馬上就要做母親了，但那天真活潑、不勝嬌羞的神情還不減當年。皇帝非常喜愛她這種眼神。在他的幾十名后妃中，只有逝去的孝賢皇后曾用過這種眼神向他傳情。他在心中常把惇妃與孝賢皇后相比：別看這汪氏娘家門第不高，眉宇間卻顯露着皇后當年初嫁青宮時的風韻。該不是她托生的吧？皇后薨逝已近三十年了。皇帝有時也覺得自己這種念頭可笑：都已是年過花甲的白首翁了，還這般癡情！孝賢逝去後，她生前的寢宮——長春宮就一直空置，皇帝從不讓人居住，一直把它作為供奉皇后畫像和衣物的祭所。可是自頭年——乾隆三十九年（1774），汪氏由惇嬪晉為惇妃，皇帝與她接觸增多，發現她酷似孝賢皇后以後，竟破例讓她遷到長春宮。眾妃嬪，包括惇妃本人，誰也不明白皇上為何把長春宮賜給惇妃居住。但皇上對惇妃的寵幸，卻是誰都可以察覺出的；不免有人高興，有人妒忌。惇妃本人則且喜且憂。喜者，自己進宮數年都沒有身孕，沒想住進長春宮的第二個月就有了喜，真得托孝賢娘娘的福！憂者，皇上春秋已高，不知壽數能有多久，而自己才二十出頭。眼下雖說受寵，但皇上歸天後的日子卻是難熬。聽說聖祖皇帝的靜嬪石氏，直活到乾隆二十三年（1758）才逝去。一個人守着青燈古佛過一輩子，還真不如死了！惇妃把未來的希望全寄托在腹中的小生命上。每天晚上她都要跪在送子娘娘的像前敬香禱告，求娘娘給她送來一個兒子。即使兒子將來繼不了帝位，有兒子支撐，寡母總不至受人欺侮。

惇妃的娘家老祖早年是正白旗包衣，於接人待物、察顏觀色、討主人歡心上，很有一套功夫。惇妃的父親四格雖說做了個員外郎，但包衣的習慣卻依然如故。無論在官場在家中，他總是順情說好話，很少得罪人。惇妃幼時是他的掌上明珠，人長得乖巧伶俐，在這個世襲包衣家中，耳濡目染，從小便知道如何討人喜歡。一年多來經常服侍皇上，她已摸準皇上每到長春宮來，最喜歡的，就是她那開朗明快的臉色，甜美悅耳的笑聲，以及她那些明顯稚拙的問題——她常想出些怪事求教皇上，目的自然也是取悅皇帝——皇上到她這裏來，就是來散心取樂的嘛。

## ◆ 西六宮鳥瞰

紫禁城的後半部是帝、后及皇妃的住所，即"後宮"。西六宮是后妃
宮室，分別為永壽宮、翊坤宮、儲秀宮、太極殿、長春宮和咸福宮。

　　此時，惇妃正在想着法兒地向皇帝撒嬌：

　　"哎喲！他又使勁兒蹬起腿來了！看這個頸頭，長大準是個
能征善戰的武將！皇上不信就摸摸！"

　　皇帝欣開惇妃身上的水綠色緞繡大洋花便袍，正趕上那胎
兒在伸腿。他的手一下觸到那凸起的硬塊上："噢！還是真有

勁。不過——”皇帝把話停下來，有意抹去臉上的笑容，矜持地看着惇妃。

惇妃看到皇帝臉色有變，不覺一愣。她不知自己怎麼惹惱了皇上，忙陪上笑臉，小心翼翼地問：“皇上是說這孩子？”

皇帝見惇妃如此緊張，覺得自己這樣有些不妥：她眼看要生產了，受了驚嚇可不是好事。便拉過惇妃的手，輕輕地拍拍：“看把你嚇的！朕的意思是，這孩子必是個公主，決不會是阿哥。”

惇妃一聽皇上說的和自己的心願正好相反，心中很不自在，急急地問：“皇上不喜歡阿哥？”

“養活孩子這事可不隨人所願，攤上甚麼就是甚麼。要說喜歡嘛，朕願你為朕生個公主。”

“噢——”惇妃鬆了口氣，“皇上喜愛公主，就怕臣妾沒有本事啊。”

“你懷的準是個姑娘。看你唇似櫻桃，面若桃花，嬌艷可人，只有女兒才會這樣打扮母親！”皇帝微笑着對惇妃說。

惇妃聽了皇帝的話，伸手摸了摸自己的臉頰，嬌憨地笑了。心裏不禁又暗暗祈禱：既然皇上願要公主，就求送子娘娘保佑吧。

乾隆四十年（1775）正月初三，惇妃的孩子落生了。“謝天謝地！阿彌陀佛！”當惇妃聽到她的孩子是個大個子妞妞時，張嘴便唸了這兩句毫不相干的話。她的心中其實仍很矛盾。生了公主，皇上高興，自己將來老了靠誰呢？

十幾天過去了，皇帝在圓明園一過完元宵燈節，便匆匆趕回大內。他忽然萌動了要看看這個新誕生的公主的願望。

長春宮內如同它的名字一樣，春日長存。兩盆紅螺炭在累絲的炭盆裏燒得通紅，把屋裏熏得暖洋洋的。窗台上、炕檐下擺了十幾盆花木。迎春和臘梅那彎曲枝幹上密密排列的小黃花，正展萼吐蕊，競相開放。多寶格的上層還擺着十幾盆蘭草，長長地垂下綠蔥蔥的枝條，像是要與地下的迎春臘梅握手言歡。黃綠相間，嬌嬈喜人。皇帝從寒氣逼人的戶外邁進長春宮，真有走進春天之感。

宮內溫馨的氣氛與柔和的色彩，驅散了自新年至上元一連半個月繁文縟節給皇帝帶來的勞頓。他興味盎然地打量着、欣賞着放在他面前的這襁褓中的孩子。

這孩子落生下來才不過半個月，卻已顯出一個小人兒形：粉白小臉上，五官小巧周正，一頭烏黑的柔髮，軟軟地覆蓋在寬寬的額頭上。她好像感知到皇阿瑪的駕臨，在皇帝注視她時，突然睜開了雙眼。這雙黑晶晶的眼睛來回閃動，像是看看阿瑪，又像是看看額娘；圓嘟嘟的小嘴時不時還向上翹起，像是在微笑，又像是要說話，皇帝看到自己小女兒這樣可愛，一股柔情湧上心頭，情不自禁伏下身去，親了親孩子胖胖的小臉。

皇帝希望惇妃生個女兒是有他自己的想法的。在此之前，他共有過九個公主，但死的死，嫁的嫁，身邊一個女兒也沒有了。他向來喜歡年幼的公主，特別是相貌很像自己的四公主和八公主，幼時最令人疼愛。可惜壽數都不長，剛長到如花似玉時，便仙逝人間。皇帝為此常覺遺憾。這些年來，皇帝因年事漸高，已多年不再誕育子嗣。不想頭年惇妃承歡以來，竟懷上身孕。皇帝平素喜愛惇妃傳情的眉眼，就盼着她能生一個同樣嬌媚的女兒。真要感謝送子娘娘，讓皇帝遂了心願，面對如此可人的孩子，他怎能不疼愛！

轉眼間又到了第二年元旦。十公主的周歲生日就要到了。屆時要讓公主抓晬盤。皇家有些習俗，跟民間沒有甚麼兩樣。這晬盤在民間叫抓周，小孩子周歲時，在他面前放上各種玩物，任他抓取，以測試孩子的志趣。

惇妃因為只生了這一個女兒，心裏便格外惦記着孩子出生以來要舉行的這第一個儀式。她為女兒設想了種種前途，但無

◆ **長春宮**

西六宮之一。建於明朝，曾名永寧宮。乾隆年間，
為孝賢皇后的寢宮，是這一時期的後宮之首。

### ◆ 長春宮內屏風、寶座

乾隆初年，乾隆帝曾令東西十二宮，設屏風、寶座各一，置在宮內正中，作為向后妃行禮、問安的場所，並令永不更改。

非嫁個知寒知暖，愛人疼人的好額駙，一輩子圖個順心如意，金玉福貴。

　　正月初三這天，惇妃一大早就梳洗完畢。她頭上戴了兩支點翠如意頭花，身上穿了件湖色如意紋洋縐銀鼠長袍——就求個吉祥如意罷。今天的小主角十公主也早早地就被奶娘抱到長春宮的正殿。她穿了身大紅地金線繡梅花小褲小襖，映得小臉紅撲撲的，活像畫中騎鯉魚的胖娃娃。十公主已在牙牙學語，會叫"阿瑪"、"額娘"了。只是常常把"額娘"叫成"額額"。惇妃坐在榻上，抱着自己的心肝寶貝，一邊"噯噯"地高聲答應，一邊使勁兒地親吻着孩子嬌嫩的小臉。

　　"看你們娘倆親熱的！"冷不防傳來一句銅鐘般的戲謔聲。惇妃猛一抬頭，老天！皇上竟到了自己跟前了！她慌忙站起身來，剛要下跪，懷中的公主卻向皇帝張開兩臂："阿瑪！阿瑪！"撲了過去──她早就會認人了。

　　皇帝哈哈大笑："嗬！嗬！朕的妞妞到底是長了一歲囉！"

　　皇帝接過孩子，親了又親，看了又看，對惇妃說："你看，這妞妞像誰？"

　　孩子像誰這個問題，惇妃與奶娘及長春宮的宮人們，早已討論了不止一次了。大家都說這孩子和皇上簡直是一個模子裏刻出來的。那清秀的眉眼，挺拔的鼻骨，薄薄的嘴唇，真是惟妙惟肖！但是惇妃此刻不知皇上問話用意何在，她不敢貿然回答。便遲遲疑疑地說："像……像，我看像皇上的地方兒多！"

　　皇帝聽了，又"哈哈"大笑起來！"朕也看這妞妞似朕！好，咱們現在看看妞妞長大要幹甚麼！"說着，他吩咐太監把為公主備好的晬盤打開。

　　一份金燦燦的晬盤放在十公主面前了。這是一個帶有百子戲春圖的紅雕漆大盤，上面放着各式珠寶玩具。按照皇家規定，皇子周歲設的晬盤，內有玉陳設二件，玉扇墜二枚，金匙一件，銀盒一件，犀鐘犀棒一雙，弧一雙，矢一枝，文房四寶一份；公主的晬盤則不設弧、矢。

　　公主坐在盤前，對盤內的東西似乎並不感興趣，只是不斷地用一對黑晶晶的大眼睛盯着阿瑪和額娘。皇帝覺得很奇怪：這妞妞難道不喜歡金銀珠寶？惇妃心裏着急：寶寶啊，快當着皇阿瑪的面抓一樣兒罷！抓哪樣都是富貴啊！十公主彷彿不理會父母的心情。她在盤子前坐膩了，張開小手嚷起來：“抱——抱——”

皇帝前後看過幾十次兒孫周歲晬盤，卻從未見過有哪個孩子像十公主這樣對盤中的東西漠不關心。他想了想，吩咐太監趕緊去拿一份弓矢。

太監很快就拿來一副為皇帝重孫周歲晬盤備上的小弓矢。十公主見到這件玩具，眼睛突然一亮，伸開胖胖的小手，口中喊着“拿拿”，一把便把弓矢抓到手裏，再不肯鬆開。

公主這一舉動，使在場觀看的人都十分驚異！一個小姑娘家，遲遲不抓金玉珠寶，為的就是這副弓矢啊！皇帝抱起公主，親了又親，感慨地對惇妃説：“這孩子可惜是妞妞，若是個阿哥，這儲君就是他的了！”

惇妃聽到這話，“噗通”一聲給皇帝跪下，聲淚俱下地説：“皇上的大恩大德，臣妾永世銘刻心間！”

十公主是一個天資聰穎的孩子。她眼尖嘴巧，見甚麼問甚麼，學甚麼。還不到四歲，竟把長春宮中張掛的所有貼畫的內容，全部記到心裏。每逢皇帝到長春宮中來，她都要給皇阿瑪連説帶比劃地講上一遍。她弄不懂奔月的嫦娥與思凡的七仙女的區別，也説不清大鬍子的張飛與李逵有甚麼不同，常常張冠李戴，把皇帝逗得樂不可支。皇帝真沒想到自己過了花甲之年，還能誕育這樣一個乖巧伶俐的孩子，心中十分得意。十公主漸漸成了皇帝鬆弛精神、調劑情緒的小玩物。他只要一抱起這個可愛的孩子，心緒就如秋日的晴空，明麗清爽。十公主受到的寵愛，超過她所有的兄姐。惇妃見皇帝這樣喜愛十公主，自己對孩子也就更為上心。真是捧在手裏怕飛了，含在嘴裏怕化了。小小的孩子，竟成了長春宮中說一不二的頭號主子。

# 【二】

乾隆四十二年（1777）十一月的一天，養心殿東暖閣內的一尊雙魚翡翠花插中，插上了兩枝宮內暖房培植的扶桑——金珠牡丹。花插是造辦處玉作遵照皇帝指定的式樣，剛剛琢成進上的。這個琢玉工堪稱奇人，他利用翡翠深淺變換的不同顏色，巧妙地把花插琢成兩條青魚游戲碧水白浪之間的形式，使皇帝大為讚歎。此時，青綠色的魚口中，銜着兩枝嬌艷欲滴的紅牡丹，真是令人叫絕！太監把這花插放到東牆下的紫檀條案上，頓時滿屋生輝。連那金光燦燦、掛滿了珠寶飾件的西洋鐘錶也顯得遜色。到底是活物受看！

皇帝放下手中的卷宗，信步走到扶桑前，低頭聞了聞，想起惇妃一向喜愛花木，便問身邊的太監："長春宮中也送上扶桑了嗎？"

"奉宸苑今兒個就送來這兩枝，還是花骨朵呢。想是這花兒不多，奴才都養在這花插裏了。"

"過會兒連這花插一併送到長春宮去。"

◆ **紅寶石梅花盆景**

盆景是宮中常見的陳設，尤其在節日，除擺設鮮花外，殿裏還要添擺各式珍貴盆景。圖中的梅花盆景，造型逼真華貴，共鑲嵌一千餘塊紅寶石。

長春宮中，惇妃見到這珍貴的賜物，十分激動。她深感皇上對她的情意：在這滴水成冰的嚴冬，竟把這麼嬌貴的花木，連同這塊麗的花插，一同賜給臣妾！若不是皇上想着臣妾喜愛花草，是決不會有此舉的。

惇妃畢恭畢敬向南行了三肅禮，然後親自把花插放在多寶格的最上層。她要讓這花木的光華普照全屋。她沒有想到，這枝充滿了她和皇上情愛的扶桑，卻給她惹下了大禍。

臨近中午時，在毗鄰的翊坤宮玩了半天的十公主，披着一件帶帽大紅蟒緞貂皮披風，由長春宮的小宮女春喜帶着，來向額娘請安來了。公主進入東暖閣，沒有見到額娘，卻看到多寶格上新放置的那個花插。

"這兩條魚還站着哩！魚怎麼還吃花兒呀？"十公主奇怪地發問了。

春喜也沒見過這樣的花插，只好哄公主："不止魚能吃花兒，人也能吃花呢！"

"我也要吃！"

"那我夠不着啊！"春喜並不知道

這花的貴重，她舉起手來，才勉強夠着花插的底座。

公主見春喜不給自己夠花，便喊叫着在地下撸起麻花來。春喜生怕惇妃聽見。若是主子娘娘知道自己把公主惹哭了，那一頓打是少不了的。她趕緊哄公主：「公主不喊！公主不喊！春喜抱你夠花。」說着，抱起公主去夠那朵饞人的紅花。

小宮女春喜今年不過才十四歲，人又長得瘦小，看上去就像才十一二歲。正因為她小，十公主才願意跟她一起玩耍。惇妃便派她隨乳娘一起專門照顧公主。

春喜的力氣不大，踮着腳跟，抱一個三四歲的孩子，不一會兒就覺着難以支持了。但她雙臂中的公主仍沒有夠到扶桑，還在拚命往上使勁兒。

「我夠着花兒了！」隨着公主的歡呼，「叭嚓！」扶桑連花帶瓶一起從高高的多寶格上掉到地下。

春喜一驚，兩臂一軟，公主也從她懷中掉下來，一頭碰到摔碎了的花插上，鮮血順着額角流下來。

「哇——」公主放開嗓，大哭起來。

春喜看到自己闖了大禍，嚇得雙腿發抖，癱倒在地，「嗚嗚」地也哭起來了。

惇妃本來正在燕喜堂中收拾她的紙花樣子，準備在新年前給皇上和公主趕繡幾個新荷包，此時聽到公主的哭聲，便三步並作兩步，直奔東暖閣。

惇妃再沒有想到自己的心肝寶貝會摔得滿臉是血。她一下撲過去，把公主緊緊地抱在胸前：「妞妞！額娘在這兒，額娘在這兒！」

公主見到親娘，哭得更厲害了。

隨惇妃一起奔進屋門的宮女秋月，連忙遞上一條棉布手巾。惇妃一邊給公主擦拭頭上的鮮血，一邊重複："不怕！不怕！額娘在這兒！"其實，她心裏怕得厲害。她長到這麼大，還沒見過人受傷流血呢，何況這流血的又是她的心肝！

公主偎在額娘的懷裏不再哭了，惇妃的心才慢慢鬆弛下來。這時，她才看見地上散落的雙魚花插的碎片，和跪在地上"瑟瑟"發抖的春喜。

"老天爺！這是皇上才賜給的呀！"惇妃心中的怒氣驟然而生，直衝腦門。她放下公主，一步跨到春喜跟前，"啪！啪！"用力抽了春喜兩個嘴巴："你這該死的妮子！"

春喜慘白的臉上，立時出現兩個紅紅的手印。她嚇得一句話也說不出來，渾身上下篩糠般地一勁兒發抖。

惇妃看着春喜這個樣子，火氣更大了。她雙手抓住春喜的衣領："你，你這是要我的命啊！"說着，狠命一搡，春喜一下倒在旁邊的多寶格上。

多寶格受到春喜猛烈的撞擊，前後一晃，上面一個插着珊瑚枝的哥窰螭耳冰乍紋方瓶，也隨之晃動，"哐"地摔下來，砸到春喜的頭上。春喜連聲都沒出，就倒到地上，閉上了眼睛。鮮血順着頭上的口子"汩汩"地流下來。

"主子娘娘，這，這⋯⋯"秋月見狀，心裏直發抖，顫聲地發問。

惇妃氣昏了頭，隨口扔過去一句話："死不了，把她關到西耳房去！"

**◆ 漱芳齋內多寶格**

多寶格是宮殿內部的一種裝飾，格局多種多樣，適合陳設不同造型的珍玩。圖中為清宮漱芳齋內的多寶格。

西耳房本是堆放雜物的小屋，無事誰也不去。三九寒天，裏邊就是個冰窖。受了驚嚇又被砸傷腦袋的春喜，被扔到裏邊，不到一個時辰就斷氣了。

長春宮有個宮女受罰而死的消息，當天晚上就傳到皇帝耳中，皇帝近來心緒不算很好，頭年和親王與慶郡王府中，都發生過奴役受罰至死之事。皇帝得知後很為惱火，曾明諭要杜絕此事。誰知此風反愈演愈烈。前些日子，內務府慎刑司就審理了幾起宮監受罰尋死的案子。皇帝一向以仁厚待人自詡，怎能容忍這種隨便殺戮生靈之事呢！他早就準備找個機會，懲處一下這些縱性濫刑、虐毆奴婢之人。不想撞到他槍口上的，竟是他的愛妃，他的掌上明珠的生母！

"惇兒啊惇兒！你倒讓朕如何處置你才好！"皇帝為難地在養心殿裏來回踱步。重了皇帝不忍，輕了又擔心自己落個溺愛徇情之名。皇帝思來想去，最後決定還是要做些姿態。否則，後宮還會生些意想不到的風波。

惇妃得知春喜命斃的消息，開始心中有些不安，繼而一想，若不是春喜，妞妞還不至被傷得頭破血流。她也就心安理得了。但第二天上午，情況就大變了。

惇妃用過早膳，剛在東暖閣支開她的繡花棚子，只見宮女秋月一溜小跑進到屋中。

"甚麼事？看把你急的！"惇妃一邊整理繡線一邊問道。

"總管太監王大爺來了。奴才好像聽說萬歲爺為昨兒的事發了火！"秋月急急地回答。

"難道皇上真怪罪下來了？可為了甚麼呢？"這個念頭剛在

惇妃心中閃過，專司內廷的總管太監王承義便邁着沉重的步子走進殿來。

王承義滿臉烏雲，雙手捧着一個紅漆描金的木匣。惇妃一看就明白了：那裏面盛的是皇上的硃批諭旨。王承義這是來向自己宣旨來了。

她"噗通"一下跪倒在地。秋月也隨着跪下。

王承義完全不是往常那一派精神飽滿的樣子了。他無精打采地說："萬歲爺剛在養心殿裏召見了王爺和軍機大臣。命我到長春宮宣旨。"說着，取出諭旨，唸道：

"昨惇妃將伊宮內使女子責處致斃。事屬駭見。此案若不從重辦理，於情法未為平允，且不足使宮闈之人咸知敬畏。況滿漢大臣官員，將家奴不依法決罰，毆責立斃者，皆係按其情事，分別議處。重則革職，輕則降調，定例森然。朕豈肯稍存歧視？惇妃即着降封為嬪，以示懲儆。並令妃嬪等嗣後當引為戒，勿蹈覆轍，自干重戾。"

王承議唸到此處，抬眼看了一下面向南跪的惇妃。只見她的頭深深地埋在兩臂中間，肩膀在微微抖動。看得出，她這是在拚命抑制自己的哭泣。

王承義皺了皺眉頭，又接着唸：

"其罪本屬不輕，第念其曾育公主，故從末減耳。若依案情而論，即將伊位號擯黜，亦豈得為過乎？"

"哇——"惇妃聽到此處，再也抑制不住了，一下哭出聲來。

"您先忍着點兒，聖諭還沒完呢。"王承義頗為不滿地說。

惇妃不敢再哭了，抽搐着又伏身跪下。

"朕臨御四十三年來，從不甘有溺愛徇情之事，惇嬪平日受朕恩眷較優，今既有過犯，亦不能復為曲宥。

諸皇子各有福晉，家庭之事，當法朕於宮闈，不稍專恃偏護，亦不可縱性濫刑，虐毆奴婢。朕一有所聞，必不輕恕。

所有惇嬪此案，本宮之首領太監郭進忠、王良獲罪甚重。着革去頂戴，並罰錢糧二年。其半着惇嬪代為繳完。此案雖係小事，朕一秉大公至此，與綜理庶務無異，亦可咸喻朕意矣。

王承義一口氣唸完了聖諭。惇嬪向南叩了三次頭，抬起淚眼，看了看王承義——她沒想到，自己獲罪，竟還連累了他！長春宮前首領太監王良，是王承義的本家侄兒啊！怪不得王承義對自己一副怒容呢。

自惇妃降為嬪後，皇帝一連十幾天都沒有去長春宮。惇嬪覺得很委屈：春喜是被砸致死，又不是受鞭笞而死！再說，她若不把妞妞碰傷，還不至出這檔子是非。自己不知是代誰受過呢。但後來，她又慢慢想

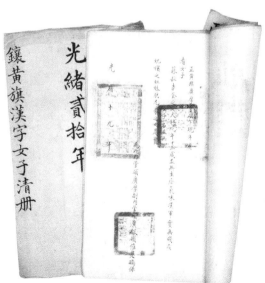

◆ 選宮女清冊

宮女是皇宮中侍奉皇帝及后妃的僕傭，地位低下。圖中為清代選宮女的清冊。

通了：都說伴君如伴虎，這不就應驗了嗎？既入得宮門，對榮辱遷黜就得有個準備。哪能好事都落到自己頭上呢。生了個公主，就是老天開眼了。豫妃、容妃、順妃、芳妃諸姐妹，入宮都十來年了，至今不也還是孑然一身嗎？

惇嬪不再愁了。她把全副精力都用在她的寶貝女兒十公主身上。白天給公主說故事，講笑話，夜裏跟公主同榻同衾。公主本來就願跟着額娘，這樣一來，更是寸步不離母親了。惇嬪心裏漸漸踏實：只要女兒的心向着娘，將來就不愁沒指望。

眼看新年就要到了，后妃們居住的東、西六宮內一片繁忙。按照皇帝定的規矩，每到年節，各宮要張掛宮訓圖。這圖是皇帝命如意館的畫匠，依古賢德后妃的事迹畫成的故事畫，以此教誡各宮妃嬪。景仁宮掛燕姞夢蘭；承乾宮掛徐妃直諫；鍾粹宮掛許后奉案；延禧宮掛曹后重農；永和宮掛樊姬諫獵；景陽宮掛馬后練衣；永壽宮掛班姬辭輦；翊坤宮掛昭容評詩；儲秀宮掛西陵教蠶；啟祥宮掛姜后脫簪；咸福宮掛婕妤當熊；長春宮則是太姒誨子。臘月二十日，是各宮請宮訓圖的日子。剛任命的長春宮首領太監張勝保一清早就親自去存貯宮訓圖的的景陽宮學詩堂請圖，但卻帶回長春宮暫不掛圖的指示。惇嬪聽到這個消息，又驚又怕，不知皇上還要怎樣處置自己。

掌燈時分，張勝保匆忙跑進來，低聲對惇嬪說："主子快收拾一下吧，萬歲爺說話就要來了。"

惇嬪一聽，慌了手腳。她一下拿不準皇上來長春宮的目的是甚麼。梳妝打扮是來不及了——這些天不接駕，惇嬪一直不施粉黛，不戴珠寶，穿件水綠長裙，外罩件月白色坎肩。她對鏡理了理雲鬢，又拍了拍長裙，問張勝保：「這可怎麼收拾呢？換衣裳也沒工夫了！」

張勝保回身從一盆盛開的迎春上，掐下一枝，遞給惇嬪：「那就戴朵花吧。」

惇嬪把迎春插到髮髻上，白皙的臉頰上立時有了光彩。她正要再整理一下衣裙，耳邊響起了那熟悉的，令她夢魂縈繞的腳步聲。

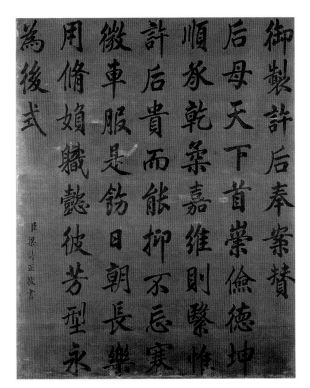

◆ 許后奉案贊

清宮每到年節時，東、西六宮都要掛有教益的故事圖和贊，以為后妃楷模。許后奉案圖掛於鍾粹宮，畫的是漢宣帝許皇后親自給皇太后奉案上食的故事。圖中為乾隆帝為此畫作的贊言。

「奴才伏罪給皇上請安！」惇嬪一下跪倒在地，向走進長春宮的皇帝叩頭。

皇帝一聲不語，上前親自把惇嬪扶起，開始細細打量他：

這身影是何等眼熟！水綠色的長裙，月白色的坎肩，淡淡裝，天然樣，恰似一朵水上白蓮。驀地，皇帝想起來了，皇后在成婚的第二天，不也是這身裝扮嗎！當年自己就誇讚過皇后像朵出水白蓮啊！皇帝情不自禁，一下把惇嬪攬在懷中，愛撫地說：「惇兒，你瘦多了！」

惇嬪忍不住抽咽起來：「皇上，奴才，奴才有罪！」

皇帝拍了拍惇嬪的肩頭，歎了口氣：「你這也是代朕受過啊！」

惇嬪聽到這話，抽咽得更厲害了。皇帝輕聲地說：「好啦，朕把宮訓圖送來了。」

惇嬪抬起頭，含着眼淚，吃驚地看着皇帝。

「惇兒，你可知朕何以給你『太姒誨子』這張圖嗎？」

惇嬪茫然地搖搖頭。

皇帝說：「周武能取代商紂，全仗幼年時母后太姒教誨有方，十公主的管教你怎能交給宮女呢？小時教誨不當，長大難以成材。姑娘家更須不失端莊、嫻雅才行。朕因格外疼愛妞妞，才給你送了這張圖啊。」

「皇阿瑪！」一直躲在東暖閣落地花罩後的十公主，聽到皇父提及自己，便喊叫着跑出來。

父女二人儘管有二十來天沒有見面，但十公主對皇父卻絲毫也不感陌生。她伸開雙手，一頭撲到皇父懷裏。

皇帝見到心愛的幼女，不悅的心情一掃而光。他一邊抱住十公主，一邊說："妞妞，讓皇阿瑪看看長高了沒有？"

"皇阿瑪，這些天妞妞跟額娘可想你哩！"公主撒嬌地偎在皇帝懷裏。

"好孩子，惹額娘生氣了嗎？"

"沒有！我可聽話了。額娘説，只有聽皇阿瑪的話才是好孩子。我是好孩子嗎？"十公主抬起頭來，認真地詢問皇父。

"妞妞真是阿瑪的好孩子！"皇帝疼愛地在十公主蘋果般的小臉上用力親了一下。他抬起眼來，與惇嬪一雙怔怔望着自己的淚眼正好相遇。皇帝的惻隱之心萌動了：

"唉，看在妞妞的份上，從明日起，恢復你的位號吧！"

"皇上！"惇嬪聽到這話，不禁喊出聲來。她一下撲倒在皇帝腳前。皇帝張開胳臂，把惇嬪娘倆緊緊地摟在懷裏。

這在惇嬪，是感受到了皇恩浩蕩；在皇帝，則是體驗到了夫妻、父女的天倫之樂。

**◆ 惇妃用藥底簿**

惇妃於乾隆三十六年（1771）封為嬪，三十九年晉為妃，四十三年曾因打死宮女降為嬪，不久又復封妃，生有十公主。這是乾隆四十二年惇妃的用藥底簿。另一本為咸豐帝麗皇貴妃的用藥底簿。

# 【三】

隨着十公主年齡的增長，皇帝對她的寵愛也與日俱增。無論是南巡還是北狩，十公主必得扈從隨駕。一個女孩兒不便拋頭露面，皇帝特准公主穿戴男裝。皇帝的近臣們或在出巡路上，或在木蘭圍場，都多次見到一個小哈哈珠子隨侍皇上左右。但卻沒有一個人猜得出這哈哈珠子是誰家的孩子，又為甚麼受到皇上的寵愛。

乾隆四十五年（1780）三月的一天，皇帝在散朝之後留下幾名大臣，有東閣大學士英簾、禮部尚書紀昀、戶部尚書和珅、工部侍郎彭元瑞幾人。

"諸卿留步，隨朕到絳雪軒賞花吟詩。"

絳雪軒是御花園中一座帶抱廈的廳堂。軒前植有十幾株海棠，每至花開花落之時，御花園東南隅便如紅雲繚繞，似降雪鋪地。"絳雪軒"因之而得名。皇帝十分喜愛這一景，親書對聯兩副掛在軒內。一為"樹將暖旭輕籠牖，花與香風並入簾"，一為"花初經雨紅猶淺，樹欲成陰綠漸稠"。這樣的美景，獨享豈能得趣？皇帝雅興一來，便要邀大臣一同賞花。

絳雪軒前的海棠開得正盛，遠看如彩霞浮遊，近看則花團錦簇，到處顯露着天家富貴之氣。海棠樹下，花影婆娑，香氣襲人。皇帝坐在早已備好的樹根製太師椅上，沐浴着麗日和風，心情十分舒暢。

"諸卿今日可不拘規制，酒可豪飲，詩可豪吟。但有一樣，朕起韻後，以五步為限，誰若聯不上，必得受罰。"皇帝含笑

◆ 御花園絳雪軒

御花園是清宮內廷坤寧宮的皇家花園,建於明朝,
園內有近二十處建築。絳雪軒位於在園內東南角,
清帝在朝政之餘,常在此賞花休憩,吟誦詩詞。

向大家宣佈,並特別看了和珅一眼——他雖為生員出身,但在
四個臣子中詩文底子卻最淺。

正說着,兩名太監端着兩個黑漆描金托盤走過來了。一個
盤中放的是文房四寶,一個盤中放的是酒壺酒盅。兩個太監身
後,還有個小巧玲瓏的身影,竟是那個常隨皇帝出巡的小哈哈
珠子。他手裏拿着一卷粉箋紙。

大臣們看到這孩子,十分驚異:這哈哈珠子到底是甚麼人
的孩子?怎麼還能在內廷走動?

小哈哈珠子從容地將紙放到桌上,便鑽進樹叢中尋自在去
了。

“啟稟皇上，奴才聯不上認罪，若是聯上了，皇上有賞嗎？”和珅是位深得皇帝寵幸的大臣，他見皇帝心情甚佳，便涎着臉發問。

“有罰就有賞。朕的規矩歷來如此。不是朕小看你，你若聯得上此詩，賞物隨你挑！”皇帝也向臣下說起笑話來。“好，咱們開始！君臣共吟詠海棠七律一首。”

皇帝站起身來，在樹下踱了五步：“丹砂煉就笑顏微。”皇帝一邊吟哦，一邊環視眾人。

坐在皇帝右側繡墩上的，是禮部尚書紀昀。他是當時文壇大家，《四庫全書》總纂。這種對吟於他來說，不過是尋常便宴。紀昀待皇帝住口，便把湧到舌尖上的詩句吐了出來：“開處春巡恰乍歸。”

皇帝點頭道：“下一句朕來！暇日高軒成小立——彭元瑞！”

彭元瑞是乾隆二十二年（1757）的進士，以文學見長。入值內廷後，一直在懋勤殿、南書房供職。皇帝特諭編輯的《祕殿珠林》、《石渠寶笈》、《天祿琳瑯》諸書，元瑞無一不與。他才思敏捷，文筆出眾，皇帝曾手詔獎諭他“異想逸材”之匾。此時皇帝點名，彭元瑞立即接上：“東風絳雪未酣霏。”

“和珅，這回要看你的了。”皇帝知道和珅的根柢，有意幫他拖延時間。

和珅是個頗有心計的人。他知道皇上精於舞文弄墨，要討得皇上的歡心，僅憑在所司衙門中盡職，於詩文卻完全外行是不夠的。這二年他專門請了兩位西席，當然是教兒子，但開暇之時，自己也跟他們學吟詩填詞。和珅很有些小聰明，一來二去，長進不少。自邁進這御園，他就搜腸刮肚，努力找尋賞花佳句，覺得詠海棠並不太難，所以才敢涎着臉求賞。他見皇帝點自己的名，便站起身來，向身後的海棠樹慢慢邁步。邁到第五步時，他猛地轉過身來，見皇上和紀昀幾人表情各異。但都在注視着自己。於是，他一字一板地唸道："評香花國休嫌細——"

"好！"皇帝帶頭叫起好來"休嫌細三字用得有味！"

"奴才接下句。"英廉有點坐不住了，主動站起來："選色唐宮不礙肥。"

"以下紀昀將它續完。"皇帝衝着紀昀點點頭。

紀昀看了看皇帝身後那正在捕捉蝴蝶的小哈哈珠子，完成了這首七律："料量韶光思獲惜，蜂蝶四面巧成圍。"

"哈哈！朕與諸卿到了蜂蝶國了！"皇帝聽了，暢快地笑起來。他想起剛才許下的諾言，便說："今日吟詩頗有情趣，每人都有賞。這端硯、水盛、墨牀賞紀昀、彭元瑞、英廉。和珅的賞物，你可自己提出！"

和珅聽了不覺一楞。他沒想到皇上真讓自己張口討賞。憑心而論，宮中的金玉珠寶他並不放在眼裏。他家藏的三尺紅白珊瑚樹就有十幾株，大玉盤數十面，皇上總不會賞給比這更華貴的東西吧！他忽然看到皇帝身後那捕住了蝴蝶，正在欣喜玩賞的孩子。這小哈哈珠子長得清秀喜人，看上去也聰明伶俐，給兒子天爵當伴讀最合適不過。想到此處，他大着膽子說：

「奴才想討的賞，不知該不該講？」

「講吧，不是早准了你嗎？」皇帝有些奇怪，這和珅想要甚麼？

「奴才想求皇上把這哈哈珠子賜給犬子當伴讀。」

皇帝一聽和珅這話，臉色大變。在場的紀昀三人也都緊張起來：和珅怎麼如此不識抬舉？皇上准他張口討賞，就是皇恩浩蕩了，他如何還要惹惱皇上？可是他們誰也不明白皇帝為甚麼變臉。

和珅也害怕了。他一下悟出，這小哈哈珠子定是皇上的心愛之物。若不，怎能寸步不離呢？

沒想到皇帝的臉色又和緩了。他和顏悅色地說：「你那兒子生辰八字如何？」

「犬子天爵，辛卯年生。」

「何時啟蒙讀書？」

「四歲破蒙，《十三經》已唸了大半。如今已能學着對詩囑文了。」

「相貌怎樣？」

「家中老小都說這犬子酷似奴才。」和珅嘴上對答如流，心裏卻困惑不解：皇上何以問得這樣仔細？

皇帝聽說和珅之子貌似乃父，臉上不覺露出笑意。誰都知道，和珅是當朝有名的風流俊雅之士：身材挺拔，面目清麗。人們曾私下猜測，或許正是靠這天生麗質，和珅才討得皇上的歡心哩！

「妞妞，過來拜見你的公爹！」皇帝回頭招呼小哈哈珠子。

和珅四人聽到這話，個個大驚失色，這孩子竟是皇上的掌上明珠！真是有眼不識金鑲玉！和珅更是驚恐萬分。他"噗通"跪倒在地，向皇帝叩頭："求皇上恕奴才無知！"

　　"哈哈哈哈！君子一言，駟馬難追。你既開口要公主，朕就把她配與你做子媳。"皇帝一邊笑，一邊給跑到他身邊的十公主摘去紅纓小帽。公主頭上兩隻小丫角辮露出來了，立時現出一副嬌憨的女兒態。她偎在皇帝懷裏，天真地問："皇阿瑪，公爹是甚麼？"

　　"妞妞，你去問問他就知道了。"皇帝指指和珅。

　　和珅仍跪在地上，連説着："奴才不敢！奴才不敢！"

　　皇帝有些不高興了："和珅，你是否覺着公主與你子不般配？"

　　和珅這才明白，皇上並非在跟自己兒戲。他直起腰來，對皇帝説："犬子不才，以犬子作配公主，奴才實在惶恐。奴才懇望皇上與公主今後多多擔待。"言畢，又給皇上叩了三響頭，才站起身來。

　　皇帝認為"天爵"這個名字太俗，用在額駙頭上不妥，想了想，賜給和珅之子一個新名："從今以後，你子改名豐紳殷德。待公主長到十四五歲，便可擇吉完婚。"

　　十公主自指婚給和珅之子豐紳殷德後，倏忽之間，十年過去，公主已出落成一個婷婷玉立的秀女，豐紳殷德也長成一個風度翩翩的俊男。乾隆五十四年（1789）春天的一日，和珅自朝中喜滋滋地回到家中，剛脱去朝服，便差人把豐紳殷德喚到堂前。

“天爵，明日海淀園子開買賣街。皇上特恩准讓你也去逛街。”

豐紳殷德生在鐘鳴鼎食之家。世間有的金玉珠寶、山珍海味，他都不放在眼裏。一個剛剛十七八歲的少年，最喜歡的，莫過於新奇事物。他多次聽阿瑪講過圓明園中精巧的樓台，旖旎的風光。可惜那裏是御苑禁地，自己雖說早已被指婚為額駙，但還沒有完婚，沒有皇上的諭旨，哪得隨便出入呢？現在皇上有旨，明日可以大飽眼福了。

第二天，和珅在兒子不斷催促下，一大早就起身急赴圓明園。父子二人帶着五六名僕從，出了西直門，穿林越野，直向西北走去。

“你初次進園，不懂規矩，説不定皇上還會召見；萬萬不可造次，一切看我的眼色行事。”一路上，和珅不斷告誡兒子。

和珅帶着豐紳殷德，不進圓明園的大宮門，卻繞道進了西北門。原來和珅提到的買賣街，是開在位於園子北部的舍衛城前。豐紳殷德奉旨隨父進園逛街，那就只能直赴是地，園內其他地方是不能隨便遊轉的。

舍衛城是一座南北長、東西狹的長方形城堡。裏面廟宇遊廊有三百餘間，供佛像達十萬尊。因為這個城堡乃專為供佛而建，因此才以佛祖釋迦牟尼曾住過的舍衛城命名。買賣街就開在舍衛城前的南北長街上。

豐紳殷德尾隨着阿瑪，急急穿過“魚躍鳶飛”和“西峯秀色”兩組樓台，繞過舍衛城，來到買賣街。

一走進買賣街，豐紳殷德就失望了：街的兩側，茶肆酒樓、商號店鋪鱗次櫛比，街中行人摩肩接踵，熙熙攘攘，與城裏東、西四牌樓有何兩樣？後悔剛才沒有好好瀏覽一下那建在水中的"魚躍鳶飛"。

他正在懊悔，忽見街南人羣騷動，街邊店鋪的叫賣聲，波浪似的，一聲高過一聲，從南邊向北湧來。

"天爵，這是皇上來了，留心着點。"和珅一見街上這種動靜，忙囑咐兒子。

原來這園內的買賣街是專為皇帝及后妃宮眷享受市井之樂而設的。一切均依民俗市貌行事。皇帝若駕臨，充當跑堂的、賣藝的、説書的太監們則更來精神。

皇帝好像是看到了和珅父子。他帶着隨員，徑直走了過來。慌得和珅趕忙拽兒子跪下，"奴才帶犬子給皇上請安。"

"行了。這就是豐紳殷德嗎？"皇帝慈愛地細細打量起面前這個少年。自乾隆四十九年（1784）面試過他騎射詩文後，轉眼過去五六年了。看起來是越發出息了：高高的身腰，寬寬的肩膀，一張棱角分明的英俊的臉上，流露着一股靈氣。

"奴才給皇上請安。"豐紳殷德見皇帝提及自己，忙又跪下身去。

"和珅，這孩子頭一次進園，過一會兒可叫他隨總管太監到福海那邊轉轉。"皇帝似乎知道豐紳殷德初次進園的心思。

豐紳殷德正欲謝恩，卻被從身後一家綢緞鋪中傳來的一聲呼喚打斷。

"皇阿瑪！"隨着清脆的呼喚，一個十四五歲的男孩輕盈地蹦到皇帝面前。

這位阿哥身穿一件寶相花大紅箭袖長袍，外罩石青五蝠捧壽八團花倭緞褂，顯得十分富麗。他撒嬌地對皇帝說："我想買店裏那大紅洋縐。"

"朕身上沒帶錢，你可讓這位大人替你購下。"皇帝說着，朝和珅微微一笑。

和珅開始一楞，不明白皇帝的用意。但當他看出這位阿哥的相貌酷似皇帝時，馬上悟出，這是十公主，他的兒媳！他明白皇上為何讓他帶兒子來逛街了。

"奴才付款！奴才付款！豐紳殷德，快快拿錢！"和珅想給兒子一個暗示，但當着皇帝的面又無法做到。於是急中生智，讓兒子付款，以此使他留心公主。

豐紳殷德對皇帝和阿瑪的話語，感到莫名其妙。但是為面前這個眉清目秀的小阿哥付款買東西，他還是十分樂意。他拿出一把碎銀子，遞給阿哥："拿去吧，不知夠不夠。"

當皇帝讓十公主向和珅討錢時，公主與和珅一樣，不知是怎麼回事。此時聽到和珅呼喚"豐紳殷德"這個名字，她也一下醒悟過來。兩朵紅雲驀地飛上雙頰。她萬沒有想到，面前這個英俊的少年竟是他——自己心中想像了無數次的未來的丈夫！看來皇阿瑪是真疼愛自己。豐紳殷德的相貌舉止都挺中自己的心意。她的心中猛然升起一股喜悅的柔情。豐紳殷德遞過銀子，十公主歡愉、羞澀的心緒，不覺都顯露到臉上。她抿嘴微笑，羞怯地接過銀子，一扭身跑進店中。

豐紳殷德心中好生奇怪：這位阿哥何以嬌媚似女兒？他見阿哥衝着自己微笑，也寬厚地笑了。

皇帝看到這對少年男女純真的情態,心裏十分高興。他直截了當地向和珅提出要求:"和珅,當初指婚時,朕曾說過,公主到了十五歲,就要完婚啊!"

"奴才將此佳期時刻銘記在心,早已準備就緒,只等皇上一句話。正是萬事俱備,只欠東風了。"和珅見皇帝情緒很好,便不禁又耍了句貧嘴。

"那好,你就回去候旨吧。"

◆ **圓明園舍衛城遺址**

舍衛城是圓明園中一座仿古印度城池佈局而建的小城,供奉各種佛像,收藏各類佛經。

　　這年十一月二十七日，十公主辭別了因自己出嫁而大病一場的生母——惇妃，與豐紳殷德完婚。公主雖為庶出，但因受皇帝偏愛，被破格授予“和碩固倫和孝公主”的封號。豐紳殷德因妻而福，得到額駙中的最高一級——固倫額駙的封號。

## 八九 太上皇 大權仍在握

### 【一】

　　秋分剛過，一望無垠的遼河平原就像是蓋上了一牀五光十色的錦被：莊稼熟了，野草黃了，掛掛山丁子和片片紅高粱，紅瑪瑙般地撒落在山巒、原野。一條連結山海關的大路穿過廣袤的大地，曲曲折折地通往盛京。因為御輿剛過，路上還鋪墊着一層細細的黃沙，有如一條彩帶，為這霜葉紅於二月花般的秋景，又別增了一番風采。

　　御輿是乾隆四十三年（1778）八月下旬通過錦縣的——皇帝此行乃是前往盛京謁祭太祖太宗福、昭二陵。錦縣生員金從善，一個年過五十尚未中舉的老秀才，與全縣紳衿一起跪迎縣城外十里，親眼見到那富麗豪華、浩蕩龐大的天家巡幸大隊。僅騎駕鹵簿，就足足過了半個時辰，頭前是吹奏鐃歌大樂的樂隊：八名大銅角樂工，八名小銅角樂工，八名金口角樂工，兩名雲鑼樂工，兩名龍邃樂工，兩名平邃樂工，兩名管樂工，兩名笙樂工，四名銅鼓樂工，兩名銅點樂工，兩名銅鈸樂工，兩名行鼓樂工，兩名蒙古角樂工，踩着鼓點，緩緩行進。

樂隊過後是儀仗：御仗三對，吾仗三對，立瓜、臥瓜、星、鉞各三對，五色金龍小旗五對，五色龍纛旗五對，單龍赤團扇三對，雙龍藍團扇三對，紅、黃、藍、白、黑花傘各兩對。

接着是武仗：豹尾槍五對，弓矢五對，儀刀五對。然後是一九龍曲柄黃華蓋，結束了這如雲似霞的儀仗大隊。

隨着一陣"噠噠噠"的馬蹄聲，皇帝乘坐的輕步輿在儀仗後面威嚴地過來了。步輿前引執刀大臣十人，後扈佩刀大臣二人，豹尾班侍衞執槍十人，佩儀刀十人，佩弓矢十人。隨駕的王公大臣多達數百，騎着駿馬跟在皇帝後面，像一股巨流，浩

◆ **清太宗陵：昭陵**

昭陵俗稱北陵，為清太宗皇太極之墓。位於今遼寧省瀋陽市，是清初關外最大的一座皇陵。

浩蕩蕩，在迎駕的百姓面前流過。

金從善跪在道邊，似乎看到了天顏慈祥的微笑，激動得心中怦怦直跳，一個想法忽然出現在腦際。御駕過畢，他回到家裏，翻箱倒櫃，查閱古今圖書，連夜寫了一份萬言書，準備回鑾時面呈皇上。他以為自己忠孝之心可對天地，殊不知所言之事卻是皇帝的心病，結果觸犯忌諱，跳進了自己掘的陷阱。

九月中旬，回鑾大隊再過錦縣。懷揣奏疏的金從善，像抱着一隻受驚的小鹿，一邊瑟瑟發抖，一邊自我鎮定，求老天保祐有個好運氣。眼看着樂隊、儀仗、武仗一個接一個走過去了，離皇帝最近的九龍曲柄黃華蓋慢慢向自己這個方向移動了，金從善咬緊嘴唇，一閉雙眼，猛地站起身來，從迎駕的人羣中衝到路中，攔住了手擎華蓋的鑾儀衛侍衛。他雙手舉着奏疏，一邊高聲喊："錦縣生員金從善叩見吾皇萬歲萬歲萬萬歲！"一邊跪倒在黃沙路上。

金從善的舉動，猶如晴空發出的一聲炸雷，使隨駕官員和迎駕百姓個個目瞪口呆，騎駕鹵簿的侍衛們更是不知所措，竟像一尊尊泥胎，站在原地不會動彈了。好在前引大臣中還有一位腦子較快的，他疾步跨到金從善跟前，聲色俱厲地喝道："大膽！驚了聖駕，即是死罪！左右，把這賊人拿下！"

金從善嚇得魂飛膽喪，一句話也說不出來。

御輿中的皇帝倒很清醒，他斷定此人必遇奇冤，才冒死叩閽。從來帝王出巡遇叩閽之人，都要治以死罪，連聖祖皇帝也無例外。自己御極以來，國泰民安，數十次巡幸四方，從未遇過叩閽之事，這次偶然遇到，不妨寬懷大度，使天下百姓目睹

仁君之風。想到這裏，皇帝緩緩地説："攔駕叩閽，必有沉冤，且將他帶回細細詢問。"

金從善聽到"叩閽"一詞，立時清醒過來，他大聲説："小民非叩閽，乃為國本，上疏皇上！"

"國本"二字，讓皇帝覺得十分刺耳，他厲聲地説道："將他拿下！"

兩名虎背熊腰的侍衛像縛雞一般，將瘦骨嶙嶙的金從善從地上抓起，綁到了馬上。

回鑾大隊揚起陣陣塵埃，很快就從錦縣大路上消失了。

◆ **皇帝法駕鹵簿圖**

古代帝王出駕時扈從的儀仗隊稱為鹵簿。鹵簿制度累代相沿。《大清會典》規定，皇帝鹵簿分四種，規格最高的是大駕鹵簿，其次是法駕鹵簿、鑾駕鹵簿和騎駕鹵簿。圖中為嘉慶帝朝會時，從午門到太和門一段所陳列法駕鹵簿。

當晚，皇帝駐蹕興隆屯大營。這一夜，黃幄帳中的燭光一直亮到天明，皇帝徹夜未眠。金從善呈詞中所言立儲、立后的字句，不斷在皇帝眼前、耳邊晃動，讓他心煩意亂。開國至今一百三四十年間，本朝因立儲封太子鬧的風波，如手卷畫一般在皇帝腦中閃過：

當初聖祖皇帝立元后所出皇二子允礽——皇帝的二伯父——為太子，結果屢生事端，釀成朝中黨爭。先是內大臣、允礽舅爺索額圖欲謀大事，勸議允礽服御俱用黃色，一切儀制幾與聖祖相同，有僭越謀位之嫌。聖祖洞察其情，廢皇太子，禁索額圖，並宣佈索額圖為本朝第一罪人。結果這位當年聖祖最得力的親信大臣慘死於幽所。以後聖祖再立再廢，在向臣下宣諭允礽種種不仁不孝罪情時，曾氣憤、痛苦地捶胸頓足，老淚縱橫。而禮部尚書、文淵閣大學士王掞還不識時務，竟仿其祖王錫爵上疏萬曆皇帝建儲之舉，亦上疏請求立儲，御史陶彝等十二人遂乘機聯名入奏。聖祖大怒，疑心陶彝等是為王掞慫恿，斥責王掞植黨希榮，罰王掞與諸御史西陲軍前效力。允礽被廢後，聖祖諸子覬覦儲位，各植私黨，更是鬧得天翻地覆，人仰馬翻。皇長子允禔詛咒太子，被聖祖削爵囚禁。皇八子允禩居心叵測，竟向聖祖進獻死鷹，將聖祖氣得心痛發作，摔倒在地，幾乎不省人事了。只有皇四子胤禛高明，在聖祖賓天之時得以承繼大統。至於雍正初年發生的囚皇八子、皇九子，誅年羹堯、隆科多之事，由於欽定的《大義覺迷錄》頒發全國，就更是國人盡知了。

皇帝想到這些，不勝感慨：這些都是天家的危事醜聞啊！

所幸皇考英明，想出秘密建儲一法，才避免再出兄弟殘殺、大臣結黨的局面。

本朝立儲恪守成式，一如雍正年間。皇帝御極以來，曾幾番考慮過建儲之事。最早是把希望寄託在永璉身上。永璉為皇后所出，皇考命名，聰穎貴重，氣宇不凡。皇帝曾親書密旨，藏諸乾清宮“正大光明”匾後。雖未頒諭冊立，實已命為皇太子。可惜永璉壽數不長，小小年紀便薨逝而去。皇帝為向中外言明己心，亦為安慰痛不欲生的皇后，在永璉逝世後，即追諡為端慧太子。以後又打算立皇后所生皇七子永琮，結果永琮兩歲即殤。乾隆三十年（1765）時，皇帝把眼光放到皇五子永琪身上。永琪滿、蒙、漢諸語皆通，馬步騎射、天文曆算亦嫻熟，是個氣宇軒昂，風度翩翩，很討人喜愛的皇子。皇帝遂有意立永琪為儲君。誰料頭前冬天剛封他為榮親王，轉年春天即薨逝。也不知對太子的選擇有違天意還是怎的，自永琪逝後，皇帝於立儲一事，便心灰意懶，不再考慮。直到五年前，他六十三歲時才選擇了一名儲君，並書其名藏之於匣內，攜帶身上。這次祭祖陵，皇上也把這小匣子放到香囊內，掛在身上，只是沒有將此事宣諭罷了。誰想偏偏就出了個金從善！這老匹夫不僅奢談建儲，還膽敢妄言立后！

立后一事，也是皇帝一塊心病。自孝賢后薨逝，皇帝曾冊貴妃烏拉那拉氏為皇貴妃，命其統攝六宮三年之久，才立為皇后。烏拉那拉氏本為皇帝居青宮時的側福晉，與皇帝感情尚好。但被立為皇后，又與皇帝發生口角之後，卻幹出一件驚世駭俗之舉：將自己一頭烏髮全部剪掉，犯了國俗之最忌。結果

**◆ 乾隆后妃及皇子**

《萬國來朝圖》是表現大清國力強盛，藩屬及外國使臣
前來朝賀場面的畫卷，各個細部均真實反映了當時的宮
廷生活。圖中是乾隆后妃與皇子在後宮嬉戲的場面。

皇帝大怒，在烏拉那拉氏病亡後，喪禮令減其儀，自此再不立
后。皇帝認為自己春秋六十有八，豈有復立中宮之理？何況見
在諸妃嬪中，亦無能勝任是位之人。若再行選秀，則朝中滿蒙
大臣皆自己兒孫輩，其女更屬稚幼，豈能與己匹配？！金從善
提出立后，是將自己名聲置之何地？想到這裏，皇帝只覺得胸
間憤懣難忍，他大喊了一聲："來人！"

候在御榻旁的太監李守成讓皇帝這半夜三更的怒吼嚇了一
跳，忙答應着："奴才在！"

跪到了榻前。

皇帝仍大聲道："要冰鎮果子露！"

李守成傻了眼，趕忙說道："萬歲爺，眼下是在行營，這
兒有昨天進上的山葡萄酒，請萬歲爺先潤潤嗓子，奴才這就去
找冰。"

　　皇帝接過李守成遞上的酒，呷了一口，火氣稍平，心裏似乎才明白過來：巡幸四方，除南巡回鑾沿途地方官進貢冰塊外，其餘各地，是從不用冰的。此時露宿荒郊野嶺，又才值仲秋，讓太監去尋冰鎮果子露，是太難為了。皇帝便轉了個話題："傳諭行在大學士九卿，明晨會同嚴審金從善！"

　　第二天清晨，黃布城內黑壓壓跪了一片，皇帝坐在行幄內，正激動地陳述自己對建儲一事的做法："金從善蔑視王章，於御道旁進遞呈詞，以建儲為請，妄思彼言一出，他日便可邀功請賞。金從善所謂立太子，則可杜絕分門別戶之嫌，實屬大謬。殊不知有太子然後有門戶。眾人見神器有屬，必預先獻媚逢迎。若不立儲，同為皇子，並無差別。即使有險邪之輩，也無從依附覬覦，則朝中平靜，君臣相安。三代間本無在位時建太子之事，如堯授舜，舜授禹，禹傳啟。三代以後，人心不古，秦漢預立太子，其後爭奪廢立，禍亂相尋，不勝枚舉。我皇考不立儲位，實為揚三代之古風，因而才有本朝太平盛世。朕御極以來，恪守家法，曾書皇二子名藏於乾清宮'正大光明'匾後；永璉薨逝，遂命大學士鄂爾泰、張廷玉將其名撤出。以後又欲立皇七子。皇長子、皇五子，可惜不久均即悼殤。若依書生之見，規仿古制，繼建元良，則朕三十餘年之內，國儲凡四易，成何體統？！"皇帝說到此處，激動得用拳"噹"地擊了一下桌面，本來正仰面敬聽皇帝訓斥的諸王公大臣，見狀忙伏下身去。皇帝停了一下，又說：

　　"既然金從善提出立儲之事，朕今日即讓天下臣民共知，癸亥年間，朕已選定儲君，並已書所立皇子之名藏於匣內

——"皇帝説着，迅速地掃了跪在面前的眾人一眼，只見頃刻之間，眾人眼中都像燃起兩盞明燈，似乎照出各人驚異、欣喜、恐懼的心情。

皇帝微微一笑："朕立此子，曾在是年南郊大祀時默禱於上帝，若所定之子能夠承繼大統，則使其身強體壯；若非天意所屬，則速奪其算，朕亦可另加選擇。至今五年已過，所定之子素質端良，深合朕意，想來此事已為上蒼所祐。朕之此舉，天下臣民無從知曉，必有竊議朕為貪戀寶位而不肯立儲之人。豈不知朕踐祚之初，即焚香告天；昔皇祖御極六十一年，予不敢相比。如蒼穹保祐，至乾隆六十年乙卯，予八十有五，即當傳位皇子，歸政退閒。因此意從未宣示，眾人無所知之。今朕六十有八，距乙卯尚有十七年，如朕精力一如既往，始終不懈，當代天普育臣民，成全朕之初衷。如七旬八旬之後，神志稍衰，自不肯貪天位而誤天下，日後受列祖列宗之責。朕歸政之時，即嗣皇帝即位之日。天下諸人，惟知為君之樂，卻不知為君之難啊！"

皇帝一口氣説完這些話，便一下仰倒在寶座上。

王公大臣們此時親耳聽到皇帝這篇肺腑之言，個個感動得不能自己，有的竟當場欷歔起來。沉寂片刻，有人高聲説："奴才敬祝皇上萬壽無疆！永為天下百姓父母！"又有一人接着説："金從善悖逆狂誕，存內外之見，應凌遲處死！"於是眾人紛紛附合，帳外的空氣活躍起來。

皇帝聽到眾人的議論，覺出自己的威懾力，精神一下振作起來。他直起腰身，宣佈了對金從善的懲處："建儲與封建并田相似，封建井田不可行於後世，建儲亦然。我皇考獨具慧眼，才創秘立儲貳之制。金從善肆意獨吠，並非僅詆譭朕躬，且於列祖，實屬大逆，凌遲處死亦難蔽辜，姑念該逆犯自其高曾以來，皆為本朝臣僕，故從寬留其全屍。"

可憐落魄文人金從善，偷雞不成，反賠上了自己的性命。自此之後，朝野再無人論及建儲事。

# 【二】

十七年過去了，皇帝賴上天保祐，在位一個甲子。這真是亙古未有之事啊！朝中大臣無不為此而驚喜，都以為這可能是國運興盛、天下太平之兆。想想吧，古來長壽之君，即使享國長久者，也多為沖齡踐祚；而當今聖上，卻是以春秋二十有五始登大位，如今壽躋八旬開五，在位六十年，五世同堂，依然體健力精。若非昊天眷祐，焉能如此！

乾隆六十年（1795）的元旦剛過，人們想到十七年前皇上所說的關於立儲那些話，便開始猜測起皇位將落誰手了。在朝中，大家自然都要保持緘默，金從善以建儲上諫而被處死之事，人們記憶猶新。但回到家中，卻止不住要發上兩句牢騷、議論了。

元宵節過後，庶吉士謝恭銘自圓明園回到城內自己府中，脫下朝服，去向父親請安。

恭銘之父謝墉年屆古稀，官雖不高，在朝中地位卻頗特殊。他自乾隆二十四年（1759）起，便入值上書房，直到前不久才因體弱休致。三四十年間，經謝墉講授訓導的皇子、皇

### ◆ 東筒子直街

東筒子直街西為內廷東側的宮城，東為寧壽宮東側的宮牆。

孫、皇曾孫，不下二十人。他對天家子孫的學業瞭如指掌。可能是因謝墉辦事慎重，談吐嚴謹，皇帝才讓他如此長期地擔任上書房師傅。謝墉雖說已休致在家，但幾十年如一日入朝辦事的生活，使他對朝中情況依然很關心、留意，此時見兒子自圓明園回來，免不了要打問幾句。恭銘也早摸透了父親的脾氣，沒等老父張口，便主動說：

"爹，我今早出西直門時，曾聽到兩個騎馬的官人在悄聲議論皇上十七年前所說禪讓之事，這倒是怎麼回事呢？"

"朝中有誰說及這事嗎？"謝墉一聽這句話，頓時緊張起來。

"沒有。但在同樂園看戲時，我好像覺着有幾個滿大臣不大看戲，卻總偷着看皇上。"

"唉！"謝墉歎了口氣，道："你入朝為仕晚，本朝在建儲之事上鬧的風波，你就是聽說過，也未必詳盡。"

"那你老人家就該跟我說說啊！"恭銘開始像小孩子一樣央求父親了。

謝墉並不理會兒子，他看着窗外鉛塊般的黑雲，心中覺得十分沉重。皇上就算身強體壯，畢竟也是奔九十的人了，就像風前燭、瓦上霜，說不上哪天就會龍馭上賓。新君繼位，還不知要掀起多大風波呢。自世祖皇帝往下數吧，聖祖、世宗繼位後，朝中不都曾出過大事，有人青雲直上，有人被砍腦袋嗎？宦海沉浮，難以預料啊！

"唉"謝墉不覺又歎了口氣。

恭銘見父親心情不悅，不敢再說。剛想告退，卻聽父親說道："孩子，這立儲之事，雖為國本，卻也是天家最為看重的私事，誰若於此多言，誰就不會有好果子吃。十七年前金從善不明事理，想以此沽名釣譽，結果機關算盡，反誤了自己的性命。我出入內廷三四十年，於皇上，皇子自比旁人多知道些，但所看到、聽見的事情，從來都不敢讓它留在心裏。這一條，可是為父畢生的經驗，你可要牢牢記取。」

「皇上所說在位六十年即禪讓一事，我想是會實現的。乾隆三十七年就擴建寧壽宮，以備將來歸政作晏居之所，這樣的事怎好兒戲？」謝墉知道兒子跟自己一樣，一向嘴嚴，便轉到正題上。他對朝中即將發生的重大變遷，早有想法。十七年前，皇帝向臣民宣諭已在三十八年密書太子之名時，謝墉就曾私下裏判斷過一次。以後，便把它深深地埋在心底。現在到了謎底即將揭曉之時，謝墉儘管一生謹慎，卻也忍不住要給兒子透露點甚麼，以防若生驟變，措手不及。

「你老人家是怎麼看立儲這一件事呢？」

### ◆ 太上皇居所：寧壽宮

寧壽宮明代稱仁壽宮，乾隆帝時大加擴建，準備退位當太上皇後居於此，但實際上從未住過。圖中為典雅肅穆的寧壽宮門。

"我想是嘉親王。"謝墉慢悠悠地説出自己的猜度。

"是嘉親王？！爹，何以這樣肯定呢？"恭銘聽到父親説出謎底，心中一震，止不住要追問。

"孩子，這可是咱爺倆在家説説，跟誰可都不能吐露一個字啊！"謝墉叮囑了一句。他見兒子神色莊重地頻頻點頭，才又接着説：

"這事我早已思量過好幾次了。皇上這一輩子共誕育皇子十七人，但乾隆三十八年皇上密書太子之名時，健在者僅四阿哥永城、六阿哥永瑢、八阿哥永璇、十一阿哥永瑆、十二阿哥永璂、十五阿哥永琰、十七阿哥永璘七人。而永城、永瑢在十幾歲時已過繼給履親王允陶、慎郡王允禧為孫，皇上將來要當太上皇，是不會找這個麻煩的。永璂生母是廢后，就憑這一點，皇上也不會立他為太子。皇上要立的太子只能從永璇、永瑆、永琰和永璘四人中選。從他們在上書房就讀的情況看，以永瑆、永琰二人的成績為佳，深得皇上青睞。特別是永瑆，詩詞字畫的功夫，非常人可比。不過甚麼事都有個尺度分寸，過猶不及。永瑆正是因為擅長詩畫，結果把皇上給得罪了。"

"怎麼得罪的？"父親所説的這些事，對恭銘來説有如海外奇談，他迫不及待地追問。

"乾隆三十一年時，皇上發現十五阿哥永琰拿的扇子上有題畫詩句。開始皇上還誇讚詩畫均作得不錯，後來看到落款，卻大發雷霆。"謝墉停了一下，看兒子在聚精會神地聽自己追述，又接着説："落款是'鏡泉兄'三字。皇上一問永琰，才知這鏡泉是十一阿哥永瑆！皇家阿哥起漢人別號，是開國以來從未有過之事，何況永瑆選用的又是山野隱逸之士常用之號。」

「皇家阿哥為甚麼不能起別號？」恭銘有些奇怪。

「你怎麼這樣糊塗？誰不知當今國俗，是騎射武功呢？」謝墉對兒子的遲鈍有些不滿，「皇子們若都喜好舞文弄墨，則弓馬騎射等大清祖宗成憲，不就有失傳之危嗎？」

恭銘受到父親的嗔怪，儘管有些委屈，但對父親卻更加敬重起來──他覺得父親的分析入情入理，令人信服。

「皇上特命將對永瑆的訓諭張掛上書房，還告誡我們做師傅的不要助長阿哥重文之氣。從那以後，皇上對漢人習氣過重的永瑆便不像以前那般疼愛了。你說，永瑆還能有希望被立為太子嗎？」

恭銘虔誠地搖搖頭。他思索了一下，又問道：「還有儀郡王永璇和慶親王永璘呢，乾隆三十八年，永璇不已二十七歲了嗎？」

「皇上對永璇一直比較冷淡，後來諸阿哥分府建藩，永瑆、永琰都封親王，可他們的兄長永璇才封為郡王，足見皇上對永璇的態度。至於永璘嘛，」謝墉的思想完全回到了十七年前，他努力地回想着諸阿哥當年在他手下當學生的情況：「他不喜讀書，無論是漢語、國語，還是弓馬騎射，都遠遠比不上永琰。我記得皇上幾次到上書房來考永璘，因他功課不好，連我這做師傅的都要連同受累。永璘大一些後，還幾次微服出遊，深為皇上所惡，認為他是最沒出息的一個皇子。只是永璘天性直厚，並不把這些放在心上，終日惟聲色狗馬，音樂遊戲自娛罷了。」

「如此說來，太子則非嘉親王莫屬了。當年永琰在上書房唸書時，文才雖不及永瑆，但勤奮、用功，很懂得兄弟師徒之理，是個仁義之人。這在他們兄弟幾人中頗為明顯，皇上是不會看錯人的。」

恭銘聽罷父親的分析，沉默不語。半響，才楞楞地說了一句：「這也不知是禍是福？」

謝墉見兒子對這事如此上心，便趕緊叮囑：「恭銘，你千萬記住，病從口入，禍從口出，只要你閉口不語，像咱們這樣的芝麻官，再大的禍事也落不到頭上。」

# 【三】

乾隆六十年很快就過去大半年了，但皇帝立太子之諭卻遲遲不見公佈，直到九月初的一天，人們才覺察出一些端倪。

九月初二傍晚，住在宮中擷芳殿的嘉親王永琰，晚膳後正在殿內聽十三歲的兒子綿寧背誦當天所學的課文。忽見太監張福貴急急忙忙走進來。

「稟王爺，東華門送過信來，說和大人差人給您送來一個匣子。」

「哪個和大人？」永琰不免有些奇怪。

「和相爺和大人。」張福貴畢恭畢敬地回答。

永琰一聽是和相，立時提起了精神，他知道大學士和珅是皇父最為寵幸之臣。此人一向擅權威福，對不附己者，必定伺機向皇父進讒言陷之。頭年自己為學子時的師傅兩廣總督朱珪，眼看就要晉為大學士了，卻因從不諂媚和珅而為其所陷。

和珅唆人密取了自己給朱珪的賀詩上呈皇父，激起皇父的火氣，不僅沒給朱珪晉升，反將他降為巡撫，貶謫安徽。這種卑鄙小人萬萬不可得罪。想到這兒，永琰對張福貴說：「拿進來吧。」

不多一會兒，張福貴捧着一個織金緞包袱回到擷芳殿。永琰遠遠打量着這包袱，猜不透和珅這葫蘆裏賣的是甚麼藥。

張福貴把包袱穩穩地放到八仙桌上，將它打開。

原來這是一個徑長二尺多的葫蘆萬代紅雕漆大圓盒。這雕漆用具在當時尚屬珍品——髹漆工們有話：一杯桊需百人之力，一屏風就萬人之工。蘇州織造為宮中進一三寸圓盒，就要百多個工呢。永琰身為皇子，居住皇宮，但這類器具也不是他能使用的。他不禁感歎起來：「都道是和相家藏萬貫，我一直還不大相信，今見此漆盒，不由人不信了。出手不凡，家中必有厚資啊！」

張福貴忙說：「王爺，這盒子老重老重的，保不齊裏邊還有甚麼物件呢！」

「哦？打開看看！」永琰頗有興致。

張福貴將盒蓋小心翼翼地掀開。「啊——！」張福貴和永琰情不自禁，同時驚呼出聲。「咚」的一聲，永琰跌坐在桌旁的太師椅上。

盒內盛放的是一組形式質體各異的如意：一柄火樹凝華珊瑚如意，一柄璇霄映碧永昌玉如意，一柄明霞煥彩芙蓉石如意，一柄金芝擢秀龍油珀如意，一柄榮光捧日鶴頂紅如意，一柄黃雲垂陰蜜臘如意，一柄南山春黛孔雀石如意，一柄瓊英疊綺花石如意，一柄美韞藍田催生石如意；共九柄，稱九九如意。

這樣奇異的如意，只是皇父萬壽和太皇太后千秋時，才有封疆大吏進獻。因為它們貴重，平時皇父都是命陳設於養心殿寢宮的多寶格上，或者存放在古董房內。永琰從小到大，每次年節受皇父賞賚所得如意，最好的也不過是青白玉製，從未得過如此精美絕倫者。今天和珅為何要送上這樣珍貴的禮物呢？而且還是如意！

一個念頭在永琰腦中驟然閃過：今年是皇父宣示太子的年份，和珅突然遣人遞送如意，難道……永琰的心猛烈地跳動起來，他自己似乎都能聽見。他抹了一把頭上的汗水，強作鎮靜地說：

“這禮物太貴重了，明日得孝敬皇父。”

正說着，又一個太監急急地走進殿來報告：“萬歲爺有諭，着王爺明晨乾清門理政。”

永琰才平靜下來的心，又“突突”地狂跳起來。

乾隆六十年九月初三日，是皇帝在位六十年舉行的最後一次御門聽政儀。他要在這一天向天下宣諭所立太子之名，準備開始過歸政倦勤的生活。

這天黎明，乾清門一如以往舉行聽政儀，陳設御榻、黼扆、本案、屏風，不同的是侍衛官和記注官們來得比以往都早。當朝臣們陸續到九卿房前候朝時，見他們早已在乾清門前列隊站好了。前來上朝的文武百官，似乎都有不可言狀的預感，彼此之間並無言語，僅以交換目光作為打招呼。這種情

### ◆ 乾隆像

圖中乾隆帝身穿朝服，端坐於御案前，提筆欲書。
從形象上看，應是乾隆帝中老年時期的肖像。

況，使乾清門廣場的氣氛更顯緊張、莊嚴。皇八子儀郡王永璇、皇十一子成親王永瑆、皇十五子嘉親王永琰、皇十七子貝勒永璘遵旨也都來了。一夜未得安眠的永琰生怕別人看出自己的心思，一直垂着雙目，不敢正視自己幾位兄弟，悄悄地站到一個不引人注意的地方，等候那激動人心的時刻。

◆ 寧壽宮花園遂初堂

乾隆帝在位六十年後，禪位於皇十五子顒琰，實現了即位時所立在位六十年當太上皇的心願，特在頤養天年的寧壽宮花園中，題"遂初堂"之匾。

京師九月初的清晨，已是冷風襲人，在露天中站立一久，便覺手腳發木。永琰借暖手之機，偷偷從懷中掏出西洋小錶，一看時針正指在七時，知道皇父就要來了，便趕緊把錶揣好，又情不自禁地正了正帽子和衣襟。

果然，永琰剛把錶揣好，乾清門便大開，皇帝在兩宮監的扶掖下，從內廷走出，端坐在御榻上。永琰隨着各部院大臣走上乾清門，又隨着他們跪到墊子上。他覺得腦袋陣陣發木，只看見朝臣們出隊回隊，跪下起來，起來跪下，卻聽不見他們說些甚麼。只是當禮部尚書宣讀"立皇十五子永琰為皇太子"的上諭時，他才像聽到晴天霹靂，猛然清醒過來。他渾身顫抖，站立不穩，虧得身旁的一位大臣扶了他一把，又在他耳邊悄聲說了一句"皇上！"永琰才漸漸把心定住。

人們自動為永琰閃出一條道，他慢慢走出隊，跪到御榻前，聲淚俱下地說：

"皇父冊立臣為皇太子，臣悚惕惶恐，五內戰兢，不知所措。臣雖自幼讀書，日侍慈顏，但年齒尚少，閱事日淺，深恐神器之重，不能負荷。惟願皇父御極延禧，躬攬庶政！"

皇帝像看透了兒子的心思，微微一笑："起來吧，千里搭棚，沒有不散之席。朕今雖精神康健，不至倦勤，但究竟是年近九旬之人，何況有志在先，難勉順情。"他把目光從兒子臉上移向諸臣："自今日起，皇太子即移居毓慶宮，以定儲位。孟冬朔頒發時憲節，以明年丙辰為嗣皇帝嘉慶元年。永琰二字改寫為顒琰。"

"嘉慶！顒琰！"永琰不由自主，動動雙唇。

三個月瞬間即逝，丙辰年的元旦來到了。因為在這天要舉行百年不遇的禪位授受大典，宮中上上下下，比哪個新年都顯得緊張忙碌。鑾儀衛的校官們，剛過午夜，就將中和韶樂、步輦五輅、馴象儀馬、龍亭香亭……這些代表天子最高等級的鹵簿儀仗，從太和殿的檐下一直陳到午門外了；內閣會同禮部及鴻臚寺官員，也在黎明之前於太和殿內設立了寶案、詔案、黃

案，以陳放這天皇帝父子要交接的寶璽、傳位詔書、傳位賀
表；王公大臣及前來朝賀的朝鮮、越南使臣，更是早早地候在
午門之外。

### ◆ 嘉慶帝手書吉語

嘉慶帝愛新覺羅·顒琰，是清入
關後第五任皇帝。乾隆六十年
（1795）被冊立為皇太子，次年
即位，改年號為嘉慶。乾隆帝雖
為太上皇，但實際上仍主理朝
政，直到嘉慶四年（1799）去
世。圖中為嘉慶帝親手題寫的新
年吉語。

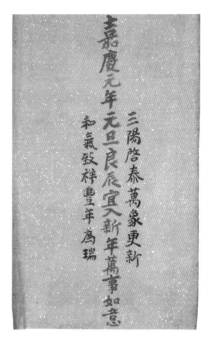

　　二鼓剛過，顒琰就難
以入眠，好容易熬到寅
時，便起身沐浴更衣了。
他穿上皇帝專用的繡有
日、月、星辰、山、龍、華蟲、宗彝、藻、火、粉米、黼、黻
花紋的明黃色朝服，戴上海龍皮朝冠，掛好東珠朝珠，對着一
面巨大的紫檀雕花框穿衣鏡，細細端詳自己。透過穿衣鏡，他
好像看見皇父——自今日起，即是太上皇、萬萬歲爺了——坐
着肩輿，從後宮來到太和殿陛座，又好像聽到那熟悉的中和韶
樂，皇父在莊嚴的樂曲聲中，將"皇帝之寶"顫顫巍巍地交到
自己手裏，自己便登上太和殿的寶座，開始接受百官的朝賀，
開始批閱奏章，開始施展自己的抱負……

在一旁侍候顒琰更衣的太監張福貴，見自己侍候了二十幾年的主子一言不發，只顧對着鏡子微笑、皺眉，心中不覺有些打鼓，他暗暗告誡自己：打今兒個起，王爺就成萬歲爺了！凡事可得加倍的仔細，誰知道會出甚麼事呢！

“噹噹噹”，時鐘敲起來——吉時到了。張福貴趕緊上前，侍候顒琰隨前來導迎的禮部堂官走出毓慶宮，莊嚴地走向太和殿。

太和殿內，太上皇真的顫顫巍巍地將“皇帝之寶”交到顒琰手中了。顒琰接過寶璽，努力抑制着心頭的激動，佯作平靜，跪下叩頭謝恩。還沒等他站起身來，太上皇那沙啞、蒼老的訓話聲便灌入耳中：“朕歸政後，用‘太上皇帝之寶’與‘十全老人之寶’。鑒於軍國大事及用人行政大端，朕不能不聞，當仍居養心殿。嗣皇帝朝夕親聆教誨，可以知所稟承，不致有貽誤之事。而大小臣工，亦可面聽訓諭。迨朕九旬之後，再行優遊倦勤，豈不更為亙古未有之盛事？自今日起，宮內仍沿用乾隆年號，惟對外使用嘉慶紀元。”

太上皇的一席話，有如在心花怒放的皇帝頭上澆了一瓢涼水，令顒琰心中瑟瑟發抖。他不由地想起去年九月御門聽政時自己說的一句話：“年齒尚少，閱事日淺。”然而，從他嘴裏冒出來的，卻是另一句話：

“太上皇高瞻遠矚，臣惟伏首貼耳，恪守成命。”

.